Barrierefrei und nutzerzentriert kommunizieren

Gabriele Horcher

Barrierefrei und nutzerzentriert kommunizieren

Wie Sie die Anforderungen des Barrierefreiheitsstärkungsgesetzes effizient umsetzen

2. Auflage

Springer Gabler

Gabriele Horcher
Offenbach am Main, Deutschland

ISBN 978-3-658-48519-1 ISBN 978-3-658-48520-7 (eBook)
https://doi.org/10.1007/978-3-658-48520-7

Die Deutsche Nationalbibliothek verzeichnet diese Publikation in der Deutschen Nationalbibliografie; detaillierte bibliografische Daten sind im Internet über https://portal.dnb.de abrufbar.

Planung/Lektorat: Maximilian David
Springer Gabler ist ein Imprint der eingetragenen Gesellschaft Springer Fachmedien Wiesbaden GmbH und ist ein Teil von Springer Nature.
Die Anschrift der Gesellschaft ist: Abraham-Lincoln-Str. 46, 65189 Wiesbaden, Germany

Grußwort

Liebe Leserinnen und Leser,
die uneingeschränkte Verfügbarkeit und Zugänglichkeit zur Informationstechnik (IT) muss für ALLE, behinderte oder nicht behinderte sowie junge und alte Menschen, Techniklaien, aber auch bei situativen oder temporären Beeinträchtigungen uneingeschränkt gewährleistet werden.

Die Richtlinie (EU) 2016/2102 verpflichtet seit dem 23. September 2018 alle öffentlichen Stellen in den Ländern und auf Bundesebene, ihre Webangebote, Dokumente und mobilen Anwendungen barrierefrei zu gestalten. Ab dem 28. Juni 2025 tritt das Barrierefreiheitsstärkungsgesetz (BFSG) in Kraft. Damit ist erstmalig auch die Privatwirtschaft gesetzlich verpflichtet, ihre aufgeführten Produkte und Dienstleistungen auf dem freien Markt barrierefrei anzubieten. Somit werden die Rechte von Verbraucherinnen und Verbrauchern weiter gestärkt.

Ich freue mich sehr, dass es Vordenkerinnen und Vordenker wie die Kommunikationswissenschaftlerin Gabriele Horcher gibt, die sich frühzeitig mit den Barrierefreiheitsanforderungen und den Chancen für private Wirtschaftsakteure beschäftigen.

Die Barrierefreiheit in der digitalen Welt von heute ist eine Voraussetzung und zugleich ein Beschleuniger für einen modernen Staat mit einer partizipativen Gesellschaft.

Je früher Sie sich mit der digitalen Teilhabe von beeinträchtigten Personen beschäftigen, desto mehr wird auch Ihre Organisation davon profitieren.

Ich wünsche Ihnen viele neue Einsichten!

Ihre Prof. Dr. Erdmuthe Meyer zu Bexten,
Landesbeauftragte für barrierefreie IT Hessen
Leiterin LBIT – Landeskompetenzzentrum für barrierefreie IT
Leiterin der Durchsetzungs- und Überwachungsstelle

Vorwort

Liebe Leserinnen und Leser,
die neuen Compliance-Anforderungen des Barrierefreiheitsstärkungsgesetzes werden Sie vielleicht nicht sofort begeistern. Das ist verständlich, denn Sie sind heute bereits mit sehr vielen Herausforderungen konfrontiert, die alle Ihre Aufmerksamkeit benötigen.

Als Kommunikationswissenschaftlerin beobachte ich seit über 40 Jahren die Veränderungen von Kommunikation durch Technologien, Infrastrukturen, Kanäle, Disziplinen und Strategien. Deshalb stehe ich der Forderung nach mehr digitaler Barrierefreiheit sehr positiv gegenüber. Digitale Barrierefreiheit ist meiner Meinung nach ein weiterer konsequenter Schritt für eine noch bessere Kommunikation mit unseren Zielgruppen. Denn je mehr unterschiedliche Inhalte und Formate (Text, Bild, Audio, Video) Sie nutzen, um Ihre Botschaften zu verbreiten, desto mehr Personen werden Sie tatsächlich erreichen.

Die Barrierefreiheitsanforderungen – die momentan für die Nutzung von Produkten und Dienstleistungen sowie in der Kommunikation mit Verbrauchern über Apps, Onlineshops und Webseiten gestellt werden – werden meiner Erfahrung nach sogar einen Kommunikations-Trend auslösen. Denn alle Menschen profitieren von digitaler Barrierefreiheit.

Für mich ist die digitale Teilhabe darüber hinaus ein Herzensthema. Ich lebe mit Multipler Sklerose und habe eine sehr leidenschaftliche On-/Off-Beziehung mit meinem Rollstuhl. Wenn ich mir vorstelle, dass ich nicht mehr in der Lage wäre, das Internet als Plattform für die Kommunikation, für Bankgeschäfte, für das Entertainment oder zum Einkaufen zu verwenden, wäre das schlicht gesagt grausam. Denn ich liebe Kommunikation, ich liebe Technologie, ich liebe Herausforderungen, und ich freue mich auf die Zukunft.

Die Frage, ob Sie als Organisation rein rechtlich unter das BFSG fallen, sollte für Sie also gar nicht allein entscheidend sein. Sondern ob Sie die wichtige Zielgruppe der Menschen mit einer dauerhaften, temporären oder situationsbedingten Beeinträchtigungen als Kunden, Mitarbeiter, Partner oder auch Investoren weiter ausschließen wollen. Sie können mit Ihren bestehenden Mitteln – unterstützt von Künstlicher Intelligenz – Menschen mit Behinderungen durch digitale Barrierefreiheit nicht nur ein selbstbestimmteres Leben ermöglichen. Sie können gleichzeitig Ihre Wettbewerbsfähigkeit stärken und zusätzliche Kunden gewinnen.

Ich wünsche Ihnen gute strategische Entscheidungen und viel Spaß beim Lesen!

Ihre Gabriele Horcher
Kommunikationswissenschaftlerin

Gabriele Horcher

Danksagung

Mein Dank geht an alle Menschen, mit denen ich in den letzten Jahren – zum Teil lange Gespräche – bei Veranstaltungen über digitale Barrierefreiheit geführt habe.

Ein ganz besonderer Dank geht außerdem an Sebastian Mohr, der sich leidenschaftlich für barrierefreie Produktentwicklung einsetzt, sowie an meinen Ehemann und Sparringspartner Thomas Möller.

Einführung

Was Sie in diesem Buch finden können

- **Checklisten** über die Sie schnell und einfach herausfinden können, ob und wie Sie selbst oder Ihre Kunden vom neuen Barrierefreiheitsstärkungsgesetz betroffen sind.
- **Roadmaps** für Produkthersteller sowie deren Importeure, Distributoren und Reseller; Anbieter von Dienstleistungen und deren Vertragspartner; sogenannte Leistungserbringer/Leistungsanbieter.
- **Normen und Richtlinien** für die Herstellung von digitaler Barrierefreiheit.
- **Hintergrundinformationen,** wie Sie Behinderungen besser verstehen können.
- **Strategien und Szenarien,** wie Sie das BFSG sinnvoll umsetzen und für sich nutzen können.
- **Beschreibungen** von Herausforderungen unterschiedlicher Branchen, die mehrfach von den Barrierefreiheitsanforderungen betroffen sind.
- **Spezifische Schritte** für das Business Development von Beratern, Content-Dienstleistern, Website- und Digital-Agenturen, Developern und IT-Dienstleistern sowie Serviceprovidern.
- **Übersicht** zu (KI-)Technologien, die Ihnen helfen, digitale Barrierefreiheit für seh-, hör-, motorisch und kognitiv beeinträchtigte Menschen herzustellen.
- **Einblick** in Kommunikationstechnologien und -strategien, die Ihnen eine spannende, zukunftssichere und barrierefreie Kommunikation ermöglichen.

Mit dem Europäischen Rechtsakt zur Barrierefreiheit (engl. European Accessibility Act, EAA) – der EU-Richtlinie über digitale Barrierefreiheit und

Zugänglichkeit – kommt für Organisationen in ganz Europa eine weitere Compliance-Richtlinie hinzu.

Davon betroffen sind Produkte und Dienstleistungen, die für Menschen mit Behinderungen als besonders wichtig eingestuft werden. Entsprechend betrifft es auch Unternehmen, Verbände und sogar Vereine, die Apps, Onlineshops, Dokumente sowie Websites nutzen, die typischerweise für die Anbahnung und den Abschluss von Verträgen mit Verbrauchern über das Internet genutzt werden.

Der EAA wird in Deutschland als Barrierefreiheitsstärkungsgesetz[1] (BFSG) und in Österreich als Barrierefreiheitsgesetz[2] umgesetzt.

Die Forderung nach digitaler Barrierefreiheit ist nicht neu!

- Öffentliche Einrichtungen, Kommunen und auch Universitäten sind durch die EU-Richtlinie 2016/2102 bereits seit September 2018 zu mehr digitaler Barrierefreiheit verpflichtet.
- Öffentliche Fernseh- und Radiosender sowie Telemedienanbieter sind durch den Medienstaatsvertrag seit Juni 2022 dazu verpflichtet, schrittweise barrierefreie Angebote anzubieten.

Im Kapitel **Herausforderungen** Kap. 1 finden Sie Informationen darüber, was das Barrierefreiheitsstärkungsgesetz umfasst. Anhand von Checklisten können Sie selbst überprüfen, ob und in welcher Weise Sie betroffen sind. Sie erfahren, welche Barrierefreiheitsanforderungen gestellt werden, welche Übergangsfristen und Ausnahmeregelungen gelten und welche Sanktionen bei Nichteinhaltung drohen. Sie finden Roadmaps, Hintergrundinformationen und Tipps, die Ihnen helfen, Ihr individuelles Barrierefreiheitsprojekt nutzerzentriert umzusetzen.

Im Kapitel **Chancen** Kap. 2 erfahren Sie, welche und wie viele Menschen von digitaler Barrierefreiheit profitieren. Sie finden heraus, warum barrierefrei zu kommunizieren zum universellen Kommunikationstrend werden kann und warum sogar Unternehmen, die nicht vom Gesetz betroffen sind, digitale Barrierefreiheit umsetzen wollen. Welche (Business Development-)Chancen das

[1] https://www.bmas.de/DE/Service/Gesetze-und-Gesetzesvorhaben/barrierefreiheitsstaerkungs-gesetz.html

[2] https://www.behindertenrat.at/2023/06/barrierefreiheitsgesetz/

Barrierefreiheitsstärkungsgesetz für Organisationen und Umsetzer – wie Berater, Dienstleister und Serviceprovider – bietet und wie digitale Barrierefreiheit die Wettbewerbsfähigkeit von Organisationen in Europa stärkt.

Im Kapitel **Strategien** Kap. 3 lernen Sie Grundpfeiler für Ihrer spezifische Barrierefreiheitsstrategie kennen. Sie finden Strategien- und Szenarien von unterschiedlich betroffenen Unternehmen sowie Beschreibungen der Herausforderungen von mehrfach betroffenen Branchen. Sie verstehen, welche Kernelemente das nutzerzentrierte Denken ausmachen, lernen die Vorteile von standardisierten Barrierefreiheits-Personas kennen und erfahren, wie Sie es schaffen, Menschen mit Behinderungen besser zu verstehen.

Im Kapitel **Technologien** Kap. 4 finden Sie einen Überblick über (KI-)Technologien, die Ihnen bei der Umsetzung der Richtlinien für Seh- und Hörbeeinträchtige sowie motorisch und kognitiv Eingeschränkte helfen. Wenn Sie selbst keinen direkten Zugang zu Peergroups mit Behinderungen haben, können Sie für eine kundenzentrierte Umsetzung die ausgewählten standardisierten Barrierefreiheits-Personas nutzen. Dabei handelt es sich um Beschreibungen von Menschen, die auf die Umsetzung von digitaler Barrierefreiheit angewiesen sind und berichten, was ihnen wichtig ist. Außerdem finden Sie hilfreiche Checklisten, Hintergrundinformationen und Tipps.

Im Kapitel **Testen** Kap. 5 sind wichtige Testverfahren, Testtools und Institutionen aufgelistet, die Ihnen beim Testen Ihrer Barrierefreiheitskriterien helfen.

Im Kapitel **Ein- und Ausblicke** Kap. 6 erfahren Sie, wie sich Kommunikationstechnologien und -strategien in Zukunft weiterentwickeln und welche Innovationen Sie gegebenenfalls jetzt schon einplanen und umsetzen können.

Inhaltsverzeichnis

Über die Autorin

Gabriele Horcher Kommunikations-Wissenschaftlerin

Gabriele Horcher, Kommunikationswissenschaftlerin, Vertriebs- und Business Development-Expertin, ist eine Vorreiterin für zukunftsorientierte Kommunikation. Sie beantwortet als Keynote Speaker, Bestseller-Co-Autorin („Das Espresso-Prinzip") und Transformational Coach Fragen zum rapiden und disruptiven Wandel in allen Bereichen der Kommunikation. Seit über 40 Jahren beobachtet und gestaltet sie diese Entwicklung mit. Sie unterrichtet seit zwei Jahrzehnten an Fachhochschulen. Als ehemalige Geschäftsführerin von Möller Horcher Kommunikation wurde sie für ihre Pionierarbeit im Business Development und Vertrieb vielfach ausgezeichnet.

1 Herausforderungen

1.1 Das Barrierefreiheitsstärkungsgesetz

Das BFSG

Am 22. Juli 2021 wurde das Gesetz zur Umsetzung der Richtlinie (EU) 2019/882 des Europäischen Parlaments und des Rates (also das Gesetz zur Umsetzung des European Accessibility Act – EAA) über die Barrierefreiheitsanforderungen für Produkte und Dienstleistungen im Bundesgesetzblatt veröffentlicht: das Barrierefreiheitsstärkungsgesetz. Die konkreten Anforderungen an die Barrierefreiheit für Produkte und Dienstleistungen gemäß BFSG sind im Rahmen einer Rechtsverordnung geregelt worden, die das Bundesministerium für Arbeit und Soziales im Einvernehmen mit dem Bundesministerium der Finanzen, dem Bundesministerium für Gesundheit, dem Bundesministerium für Wirtschaft und Energie sowie dem Bundesministerium für Verkehr und digitale Infrastruktur erarbeitet hat. Diese Rechtsverordnung wurde am 22. Juni 2022 im Bundesgesetzblatt veröffentlicht. Sie definiert Barrierefreiheitsanforderungen für Produkte und Dienstleistungen, die nach dem 28. Juni 2025 in den Verkehr gebracht oder für Verbraucherinnen und Verbraucher erbracht werden. Als Hilfestellung für Unternehmen hat das Bundesministerium für Arbeit und Soziales zudem Leitlinien zum BFSG erstellt.

Eine ausführliche Erläuterung finden Sie unter https://bfsg-gesetz.de/.

Die Leitlinien zum Gesetz finden Sie hier: https://www.bundesfachstelle-barrierefreiheit.de/SharedDocs/Kurzmeldungen/DE/leitlinien-und-rechtsverordnung-zum-bfsg.html.

Das Barrierefreiheitsstärkungsgesetz verpflichtet erstmals auch private Wirtschaftsakteure zu mehr digitaler Barrierefreiheit – bisher standen nur öffentliche Einrichtungen im Fokus des Gesetzgebers. Produkte und Dienstleistungen, die digital genutzt werden, müssen ab dem 29. Juni 2025 barrierefrei(er) sein.

G. Horcher, *Barrierefrei und nutzerzentriert kommunizieren*,
https://doi.org/10.1007/978-3-658-48520-7_1

- Zu diesen Produkten gehören zum Beispiel Fahrkarten- oder Geldautomaten. Es zählen aber auch Produkte wie beispielsweise Computer oder Smartphones dazu, die man benötigt, um ins Internet zu kommen. Abschn. 1.6.
- Ebenso betrifft das BFSG Telekommunikations- und Bankdienstleistungen, die zum Beispiel von Verbrauchern benötigt werden, um am Selbstbedienungsterminal zu bezahlen oder im Internet Verträge abzuschließen. Abschn. 1.8.
- Doch nicht nur Produkthersteller, Importeure, Distributoren und Händler Abschn. 1.7 der Produkte oder Anbieter und Vertragspartner. Abschn. 1.9 der Dienstleistungen sind betroffen.
- Alle Unternehmen, Verbände und sogar Vereine müssen – unter Umständen – bis zum 28. Juni 2025 Apps, Onlineshops, Dokumente sowie Websites barrierefrei gestalten. Denn viele nutzen bei der digitalen Kommunikation mit Verbrauchern Dienstleistungen der Telemedien, Bankdienstleistungen oder Leistungen des elektronischen Geschäftsverkehrs (E-Commerce). Damit werden sie – dem BFSG nach – zu sogenannten Leistungserbringern/Leistungsanbietern. Abschn. 1.10.

> **Gesetz zur Stärkung von Verbrauchern und Verbraucherinnen**
> Wenn sich Ihre Produkte und Dienstleistungen, Apps, Onlineshops, Websites und digitalen Dokumente weder direkt noch indirekt an Verbraucher wenden, dann können Sie sich jetzt entspannen. Denn das Gesetz wurde zur Stärkung von Verbrauchern erlassen.
>
> Lesen Sie aber bitte trotzdem weiter, um ein Verständnis für digitale Barrierefreiheit zu entwickeln. Nur weil Sie (noch) nicht dazu gezwungen sind, bedeutet es nicht, dass Sie durch digitale Barrierefreiheit im Business-to-Business-Bereich und speziell bei (potenziellen) Mitarbeitern nicht auch Wettbewerbsvorteile erzielen können. Menschen mit Beeinträchtigungen benötigen auch bei ihrer Berufsausübung mehr digitale Barrierefreiheit!

> **Mitarbeitende zählen nach dem BFSG nicht zu den Verbrauchern und Verbraucherinnen** Auch wenn Ihre Mitarbeitenden prinzipiell auch Verbraucher sind, zählen sie dem Barrierefreiheitsstärkungsgesetz nach in dieser Rolle nicht zu den Verbrauchern und Verbraucherinnen, für die das Gesetz geschaffen wurde. Sie müssen also Ihre Karriereseite, Ihr Intranet oder auch die intern genutzten Anwendungsprogramme für (potenzielle) Mitarbeitende zurzeit nicht barrierefrei gestalten.

1.1.1 Andere verwandte Gesetze, Verordnungen, Normen und Richtlinien

Auch wenn die folgenden Gesetze, Verordnungen, Normen und Richtlinien nicht explizit für Wirtschaftsakteure gelten, zeichnen sie doch den Weg für weitere Iterationen des Barrierefreiheitsstärkungsgesetzes vor:

- **BGG – Behindertengleichstellungsgesetz**
  Im Gesetz zur Gleichstellung von Menschen mit Behinderungen gibt es den Paragrafen 12 zum Thema „Barrierefreie Informationstechnik“. Demnach müssen öffentliche Stellen des Bundes ihre Websites und mobilen Anwendungen, einschließlich der für Beschäftigte bestimmten Angebote im Intranet, barrierefrei gestalten.
  Darüber hinaus müssen die öffentlichen Stellen des Bundes schrittweise elektronische Verwaltungsabläufe, Vorgangsbearbeitung sowie Aktenführung und auch die dafür genutzten grafischen Programmier- und Benutzeroberflächen barrierefrei gestalten.
  Ausführlich unter https://www.gesetze-im-internet.de/bgg/BJNR146800002.html
- **BITV 2.0 – Barrierefreie-Informationstechnik-Verordnung**
  BITV 2.0 ist eine Verordnung, die den Paragrafen 12 des Behindertengleichstellungsgesetzes umsetzt. Sie wurde vom BMAS (Bundesministerium für Arbeit und Soziales) erlassen und legt die technischen Standards zur barrierefreien Gestaltung fest.
  Ausführlich unter https://www.gesetze-im-internet.de/bitv_2_0/BJNR184300011.html
- **EN 301 549 – Harmonisierte Europäische Norm**
  EN 301 549 ist die wichtigste Sammlung von einschlägigen Barrierefreiheitsanforderungen zur Informationstechnik öffentlicher Stellen (Webauftritt, mobile Anwendungen, Dokumente, Hard- und Software).
- Ausführlich unter https://www.barrierefreiheit-dienstekonsolidierung.bund.de/Webs/PB/DE/gesetze-und-richtlinien/en301549/en301549-node.html
- **WCAG 2.2 – Web Content Accessibility Guidelines 2.2**
  Die WCAG 2.2 sind ein internationaler Standard zur barrierefreien Gestaltung von Internetangeboten des World Wide Web Consortiums (W3C). Eine Vielzahl der Anforderungen der EN 301 549 verweist auf die sehr gut dokumentierten WCAG-Kriterien.

Ausführlich unter https://www.barrierefreiheit-dienstekonsolidierung.bund.de/Webs/PB/DE/gesetze-und-richtlinien/wcag/wcag_2_2/wcag-2-2-node.html

- **WCAG 3.0 – Web Content Accessibility Guidelines 3.0**
  Die WCAG 3.0 sind die weiterentwickelten WCA Guidelines. Sie sind bereits in der Abstimmung, aber noch nicht final. (Stand 04/2025)
  Einen ersten Eindruck finden Sie unter https://www.barrierefreiheit-dienstekonsolidierung.bund.de/Webs/PB/DE/gesetze-und-richtlinien/wcag/ausblick-weiterentwicklung/ausblick-weiterentwicklung.html.

1.2 Überblick Sanktionen

Die Marktüberwachungsbehörde wacht darüber, dass alle europäischen Wirtschaftsakteure, die unter die Bestimmungen des BFSG fallen, die Barrierefreiheitsanforderungen einhalten. Darüber hinaus überwacht sie, dass keine Produkte und Dienstleistungen in Europa zum Einsatz kommen, die nicht den Anforderungen entsprechen. Das klingt nach einer Mammutaufgabe, bei der man sich als Wirtschaftsakteur zu Recht fragen kann, ob man jemals sanktioniert wird. Da allerdings auch Verbraucher und Verbraucherinnen – vielleicht sogar angeregt durch Marktbegleiter – sowie Verbraucherverbände die Marktüberwachungsbehörde dazu auffordern können, Maßnahmen gegen jeden Wirtschaftsakteur zu ergreifen, der die Barrierefreiheitsanforderungen nicht einhält, kann jeder jederzeit überprüft, ermahnt und sanktioniert werden.

Kommt ein Wirtschaftsakteur den Barrierefreiheitsanforderungen nicht nach, hat die Marktüberwachungsbehörde verschiedene Druckmittel zur Auswahl. Zunächst wird drei Mal ermahnt. Danach kann die Behörde die Bereitstellung von Produkten, Dienstleistungen, Apps, Onlineshops oder Websites auf dem deutschen/europäischen Markt entweder einschränken oder komplett untersagen. Sie kann dafür sorgen, dass Produkte zurückgenommen oder zurückgerufen werden und dass Verträge für Dienstleistungen ungültig werden. Darüber hinaus kann die Behörde dem Wirtschaftsakteur, der ordnungswidrig, vorsätzlich oder fahrlässig handelt, Bußgelder von 10.000 bis zu 100.000 € auferlegen.[1]

---

[1] https://www.buzer.de/37_BFSG.htm

1.3 Beratungsstelle

Die Bundesfachstelle für Barrierefreiheit der Knappschaft-Bahn-See berät Händler von Produkten, die zu den Kleinstunternehmen Abschn. 1.6.2 gehören, kostenfrei, um diesen die Anwendung des Barrierefreiheitsstärkungsgesetzes zu erleichtern.

Bundesfachstelle Barrierefreiheit
Deutsche Rentenversicherung Knappschaft-Bahn-See
Wilhelmstr. 139, 10963 Berlin
Telefon: +49 30 259 36 78-0, E-Mail: bundesfachstelle-barrierefreiheit@kbs.de
Web: https://www.bundesfachstelle-barrierefreiheit.de/

Auf der Website der Bundesfachstelle gibt es darüber hinaus Aufzeichnungen einer siebenteiligen Webinar-Reihe zum Thema „BFSG 2025 E-Commerce".

- Das Auftakt-Webinar finden Sie unter https://www.bundesfachstelle-barrierefreiheit.de/DE/Fachwissen/Produkte-und-Dienstleistungen/Barrierefreiheitsstaerkungsgesetz/Webinare-BFSG-2025/Webinar-Auftakt/node.html
- Das Webinar „Sensibilisierung für Zugänglichkeit und Nutzbarkeit digitaler Angebote" finden Sie unter https://www.bundesfachstelle-barrierefreiheit.de/DE/Fachwissen/Produkte-und-Dienstleistungen/Barrierefreiheitsstaerkungsgesetz/Webinare-BFSG-2025/Webinar-Baustein-1-Sensibilisierung/node.html
- Die Aufzeichnung des Webinars „Das BFSG: Gesetzliche Grundlagen und Anforderungen im E-Commerce" finden Sie unter https://www.bundesfachstelle-barrierefreiheit.de/DE/Fachwissen/Produkte-und-Dienstleistungen/Barrierefreiheitsstaerkungsgesetz/Webinare-BFSG-2025/Webinar-Baustein-2-gesetzliche-Grundlagen/node.html
- Den Mitschnitt „Suchmaschinen belohnen digitale Barrierefreiheit – Chancen für E-Commerce" finden Sie unter https://www.bundesfachstelle-barrierefreiheit.de/DE/Fachwissen/Produkte-und-Dienstleistungen/Barrierefreiheitsstaerkungsgesetz/Webinare-BFSG-2025/Webinar-Baustein-3-SEO/node.html
- Das Webinar „Umsetzung digitaler Barrierefreiheit" finden Sie unter https://www.bundesfachstelle-barrierefreiheit.de/DE/Fachwissen/Produkte-und-Dienstleistungen/Barrierefreiheitsstaerkungsgesetz/Webinare-BFSG-2025/Webinar-Baustein-4-Umsetzung/node.html
- Die Aufzeichnung „Netzwerkarbeit im Verband – die Taskforce Barrierefreiheit" finden Sie hier: https://www.bundesfachstelle-barrierefreiheit.de/DE/Fachwissen/Produkte-und-Dienstleistungen/Barrierefreiheitsstaerkungsgesetz/Webinare-BFSG-2025/Webinar-Baustein-5-Netzwerkarbeit/node.html

- Und den Mitschnitt des Webinars „Umsetzung von Barrierefreiheit im Onlineshop – ein Praxisbeispiel“ finden Sie unter https://www.bundesfachstelle-barrierefreiheit.de/DE/Fachwissen/Produkte-und-Dienstleistungen/Barrierefreiheitsstaerkungsgesetz/Webinare-BFSG-2025/Webinar-Baustein-6-Praxisbeispiel/node.html

▶ **Unterstützung bieten** Für Unternehmen, die nicht zu den Kleinstunternehmen gehören, kann es ratsam sein, dem eigenen BFSG-Planungs- und -Umsetzungs-Team einen Compliance-Beauftragten oder Anwalt zur Seite zu stellen.

1.4 Marktüberwachungsbehörde

Ursprünglich war es geplant, die Überwachung über 16 Marktüberwachungsbehörden der einzelnen Bundesländer zu gewährleisten. Es gab aber auch von Beginn an Bemühungen, eine länderübergreifende Lösung zu prüfen und umzusetzen. Damit soll eine einheitliche Durchsetzung und Kontrolle des BFSG in Deutschland sichergestellt werden.

Nach Abschluss der Beratungen zeigt sich, dass eine gemeinsame Marktüberwachung der Länder für die Barrierefreiheit von Produkten und Dienstleistungen (MLBF) neben geringeren Kosten für die Bundesländer und erhöhter Effizienz aufgrund der einheitlichen Umsetzung und einheitlicher Verantwortlichkeiten auch Vorteile für Wirtschaftsakteure und für die von fehlender Barrierefreiheit betroffenen Menschen hat. Ein behördlicher Flickenteppich mit unterschiedlichen Auslegungen der Normen und Standards in den einzelnen Ländern wird durch die Zuständigkeit einer gemeinsamen Behörde vermieden.

Ein endgültiger Beschluss wurde noch nicht gefasst. (Stand 04/2025). Bisher wurde nur eine Marktüberwachungsbehörde für Hessen bekanntgegeben:

Landeskompetenzzentrum Barrierefreie IT (LBIT)
Landgraf-Philipp-Platz 1-7, 35390 Gießen
Telefon: +49 641 303-2902, E-Mail: LBIT@rpgi.hessen.de
Web: https://lbit.hessen.de/

1.5 Beschwerdestelle für Verbraucherinnen und Verbraucher

Wenn sich ein Verbraucher darüber beschweren möchte, dass Produkte, Dienstleistungen oder die digitalen Angebote von Leistungserbringern/Leistungsanbietern nicht barrierefrei sind, ist das über die Schlichtungsstelle gemäß Paragraf 16 BGG in einem niedrigschwelligen, kostenfreien Schlichtungsverfahren möglich.

Hier geht es zur Schlichtungsstelle: https://www.schlichtungsstelle-bgg.de/Webs/SchliBGG/DE/AS/startseite/startseite-node.html

Verbraucherinnen und Verbraucher sowie Verbände bekommen durch das BFSG ein neues Klagerecht. Sie müssen dafür einen Antrag bei der zuständigen Marktüberwachungsbehörde stellen und darin die Maßnahmen zur Beseitigung des Verstoßes fordern. Wird der Antrag abgelehnt, steht der Rechtsweg zu den Verwaltungsgerichten offen.

> **Disclaimer: Keine Rechtsberatung**
> Die folgenden Informationen, Checklisten, Roadmaps und Szenarien stellen eine Orientierungshilfe dar. Sie sind keine Rechtsberatung.
>
> Barrierefreiheitsanforderungen werden in den kommenden Jahren angepasst oder erweitert werden.

1.6 Checkliste: Produkthersteller

Hersteller von Produkten müssen sich besonders intensiv mit den spezifischen Anforderungen der Barrierefreiheit auseinandersetzen. Denn sie müssen nicht nur das Produkt – bestehend aus Hardware, Betriebssystemsoftware und eventuell Anwendungssoftware – anpassen. Ebenso sind die Verpackung und die Bedienungsanleitung barrierefrei zu gestalten.

1.6.1 Produkte, die vom BFSG erfasst werden

Diese Produkte sind für Menschen mit Beeinträchtigungen besonders wichtig:

- Computer, Notebooks, Tablets, Smartphones, Mobiltelefone
- Fernsehgeräte mit Internetzugang

- E-Book-Lesegeräte
- Router
- Geldautomaten, Fahrausweis- und Check-in-Automaten

Diese Aufzählung ist abschließend. Das heißt, wenn Sie dort Ihr Produkt nicht finden, dann müssen Sie als Produkthersteller die Anforderungen des BFSG nicht beachten.

1.6.2 Ausnahmeregelungen für Produkthersteller

Für Produkthersteller gibt es Ausnahmeregelungen. Die Voraussetzungen:

- Sie gehören zu den sogenannten „Kleinstunternehmen" mit weniger als zehn Vollzeitbeschäftigten oder höchstens 2 Mio. € Jahresumsatz.
- Für Sie als Hersteller ergeben sich durch die Barrierefreiheit grundlegende Veränderungen der Wesensmerkmale Ihrer Produkte. Diesen Umstand müssen Sie proaktiv bei Ihrer Marktüberwachungsbehörde anzeigen und selbst belegen. Mehr finden Sie unter https://bfsg-gesetz.de/16-bfsg/
- Oder die Herstellung von Barrierefreiheit stellt für Sie als Produkthersteller eine unverhältnismäßige (nachweißbar bedrohliche) Belastung dar. Das müssen Sie proaktiv bei Ihrer Marktüberwachungsbehörde anzeigen. Abschn. 1.8.2.

1.6.3 Die besondere Kennzeichnungs- und Informationspflicht

Produkthersteller haben dafür Sorge zu tragen, dass ein Produkt eine Typen-, Chargen- oder Seriennummer oder ein anderes Kennzeichen zu seiner Identifikation trägt. Falls dies aufgrund der Größe oder der Art des Produkts nicht möglich ist, hat der Hersteller dafür zu sorgen, dass die erforderlichen Informationen auf der Verpackung oder in einer dem Produkt beigefügten Unterlage angegeben werden.

Produkthersteller haben beim Inverkehrbringen auf dem Produkt den Namen des Unternehmens oder gegebenenfalls der Marke sowie die Postanschrift anzugeben. Ist dies aufgrund der Größe oder der Art des Produkts nicht möglich, sind diese Informationen auf der Verpackung oder in einer dem Produkt beigefügten Unterlage anzugeben. Die Postanschrift muss eine zentrale Stelle bezeichnen, unter der der Hersteller kontaktiert werden kann. Die Kontaktdaten sind in einer Schrift und Sprache zu verfassen, die vom Verbraucher leicht verstanden werden kann.

Produkthersteller müssen sicherstellen, dass dem Produkt eine Gebrauchsanleitung und Sicherheitsinformationen in deutscher Sprache (beziehungsweise in der jeweiligen Landessprache) beigefügt sind.

Alle Kennzeichnungen, die Gebrauchsanleitung und die Sicherheitsinformationen müssen klar verständlich und deutlich sein.

Produkthersteller sind zudem verpflichtet, der Marktüberwachungsbehörde auf Verlangen alle Auskünfte zu erteilen und alle Unterlagen auszuhändigen, die für den Nachweis der Konformität erforderlich sind. Die Auskünfte und die Unterlagen sind in deutscher Sprache oder in einer Sprache, die von der deutschen Marktüberwachungsbehörde leicht verstanden werden kann, zu übergeben.

Produkthersteller arbeiten auf Verlangen bei allen Maßnahmen zur Herstellung der Konformität der von ihnen in den Verkehr gebrachten Produkte mit der Marktüberwachungsbehörde zusammen.

Den genauen Wortlaut finden Sie unter https://bfsg-gesetz.de/7-bfsg/.

▶ **Bevollmächtigte von Produktherstellern** Produkthersteller können schriftlich einen Bevollmächtigten benennen, der die gesamte Kommunikation mit den Marktüberwachungsbehörden übernimmt. Mehr finden Sie unter https://bfsg-gesetz.de/8-bfsg/

1.6.4 Übergangsfristen

Selbstbedienungsterminals wie zum Beispiel Geldautomaten, Fahrausweis- und Check-in-Automaten, die vor dem Stichtag 28. Juni 2025 in Betrieb genommen wurden, müssen spätestens ab 2040 barrierefrei sein.

Für alle anderen Produkte gibt es keine Übergangsfristen.

1.6.5 Sanktionen für Produkthersteller

Alle Produkte, die nach dem Stichtag 28. Juni 2025 hergestellt sind, müssen den Barrierefreiheitsanforderungen entsprechen – ansonsten dürfen sie nirgendwo in der EU verkauft werden.

Passiert dies doch, können unterschiedlichste Gruppen dagegen vorgehen: Auch Verbraucher und Verbraucherinnen sowie Verbraucherverbände können solche Fälle bei den Marktüberwachungsbehörden melden. Neben einem Verkaufsverbot drohen dann auch Bußgelder bis zu 100.000 €. Abschn. 1.2.

1.6.6 Hilfreiche ISO-Normen für barrierefreie Produktentwicklung

Die folgenden drei ISO-Normen sind ausschlaggebend bei der Umsetzung von digitaler Barrierefreiheit bei Produkten und Dienstleistungen.

1.6.6.1 ISO 9241-210:2019 – Ergonomie der Mensch-System-Interaktion

Teil 210: Menschenzentrierte Gestaltung interaktiver Systeme

Kostenpflichtiger Download unter https://www.iso.org/standard/77520.html

Die Norm ISO 9241-210:2019 hilft konkret dabei:

1. **Nutzungskontext zu analysieren**
   - Wer sind die Nutzer mit besonderen Bedürfnissen?
   - Welche Barrieren bestehe visuell, auditiv, motorisch oder kognitiv?
   - Welche Assistenztechnologien nutzen sie?
2. **Barrierefreiheitsanforderungen zu definieren**
   - Unterstützung für Screenreader, Tastaturbedienung, Farbkontraste
   - Klare, einfache Sprache
   - Anpassbare UI-Elemente
3. **Iteratives Design und Testing mit Betroffenen durchzuführen**
   - Einbindung von Menschen mit Behinderungen in Tests
   - Usability-Tests mit Assistenztechnologien
4. **Evaluation und Optimierung vorzunehmen**
   - Lösungen der Norm entsprechend kontinuierlich mit Nutzern validieren
   - Fokus auf barrierefreien Nutzungsszenarien

Die ISO 9241-210 hilft, Barrierefreiheit nicht als Feature, sondern als zentrales Designprinzip zu verstehen.

1.6.6.2 ISO 9241-20:2021 – Ergonomie der Mensch-System-Interaktion

Teil 20: Ein ergonomischer Ansatz zur Zugänglichkeit innerhalb der ISO 9241-Reihe

Kostenpflichtiger Download unter https://www.iso.org/standard/80709.html

Die ISO 9241-20:2021 trägt direkt zur Barrierefreiheit bei, weil sie sich mit der Ergonomie von Hardware und Software zur Interaktion mit IT-Systemen befasst. Sie legt allgemeine Gestaltungsprinzipien für benutzerfreundliche Interaktion fest, die besonders für barrierefreie Systeme wichtig sind.

1. **Allgemeine Prinzipien für barrierefreie IT-Systeme**
   - Zugänglichkeit für alle Nutzer: Systeme sollen für möglichst viele Menschen nutzbar sein, unabhängig von physischen oder kognitiven Einschränkungen.
   - Konsistenz und Vorhersehbarkeit: Klare, intuitive Bedienung hilft allen, besonders Menschen mit kognitiven Einschränkungen.
   - Fehlertoleranz: Systeme sollen Fehler vermeiden oder leicht korrigierbar machen, was für Menschen mit motorischen Einschränkungen essenziell ist.
2. **Gestaltung von Ein- und Ausgabegeräten**
   - Tastatur- und Mausalternativen: Unterstützung für Spracheingabe, Touchscreens oder Spezialtastaturen.
   - Haptisches & akustisches Feedback: wichtig für blinde oder sehbehinderte Nutzer.
   - Visuelle Lesbarkeit: Kontraste, skalierbare Schriftgrößen und keine reine Farbcodierung.
3. **Anpassbarkeit & Individualisierung**
   - Einstellungen für Benutzerpräferenzen (Schriftgröße, Farbkontraste, alternative Eingabemethoden).
   - Unterstützung von Assistenztechnologien (Screenreader, Braille-Zeilen).

Die ISO 9241-20:2021 hilft, Hardware und Software so zu gestalten, dass sie von allen genutzt werden können, unabhängig von physischen, sensorischen oder kognitiven Einschränkungen. Sie ergänzt also gut die ISO 9241-210, die den nutzerzentrierten Gestaltungsprozess beschreibt.

1.6.6.3 ISO 9241-171:2008 – Ergonomie der Mensch-System-Interaktion

Teil 171: Leitfaden für die Zugänglichkeit von Software

Kostenpflichtiger Download unter https://www.iso.org/standard/39080.html

Die ISO 9241-171:2008 ist speziell für die barrierefreie Gestaltung von Software gedacht und bietet klare Richtlinien, wie Software für Menschen mit Behinderungen zugänglicher gemacht werden kann. Wie hilft die ISO 9241-171:2008 bei der Barrierefreiheit?

1. **Allgemeine Prinzipien für barrierefreie Software**
   - Kompatibilität mit Assistenztechnologien (zum Beispiel Screenreader, Sprachausgabe, Braillezeilen).
   - Alternativen für visuelle, auditive und motorische Interaktionen (zum Beispiel Tastaturbedienung statt Maus).
   - Anpassbarkeit für individuelle Bedürfnisse (beispielsweise Schriftgrößen, Farbkontraste, Bedienungshilfen).
2. **Konkrete Empfehlungen für Softwaregestaltung**
   - Klare und konsistente Navigation
   - Logische Struktur, vorhersehbare Interaktion
   - Keine rein grafischen Symbole ohne Textalternative
   - Tastaturbedienbarkeit
   - Alle Funktionen müssen auch ohne Maus nutzbar sein
   - Klare Fokus-Indikatoren für Navigation
   - Barrierefreie Texte und Kommunikation
   - Alternativtexte für Bilder und Multimedia
   - Verständliche Sprache ohne Fachjargon
   - Flexibilität für unterschiedliche Nutzeranforderungen
   - Möglichkeit, Farbkontraste und Schriftgrößen anzupassen
   - Unterstützung für Spracherkennung und andere Eingabehilfen

Die ISO 9241-171:2008 ist eine wertvolle Norm, um sicherzustellen, dass Softwarelösungen für möglichst viele Menschen zugänglich sind. Sie ist besonders nützlich für Entwickler und UX-Designer, die barrierefreie digitale Produkte erstellen möchten.

(Diese Veröffentlichung wurde zuletzt im Jahr 2018 überprüft und bestätigt. Daher bleibt diese Version aktuell. Sie wird aber voraussichtlich in den nächsten Monaten durch ISO/DIS 9241-171 ersetzt.

1.6.7 Roadmap für Produkthersteller

Wenn Sie als Produkthersteller eines der vom BFSG erfassten Produkte weiterhin in der EU verkaufen wollen, haben Sie vermutlich bereits eine BFSG-Taskforce eingerichtet. Denn für Hersteller werden strategische Entscheidungen und die rechtzeitige technische Umsetzung entscheidend sein.

- Überprüfen Sie Ihr Produktportfolio, ob oder inwieweit Ihre Produkte bereits den europäischen Barrierefreiheitsanforderungen entsprechen – was geht, was fehlt.
- Eruieren Sie, über welche spezifischen Design-, Hard- oder Softwareanpassungen oder Kombinationen sich Barrierefreiheit für Ihre Produkte am sinnvollsten herstellen lässt.
  Nutzen Sie dafür die Normen ISO 9241-210:2019, ISO 9241-20:2021 und ISO 9241-171:2008, die Ihnen helfen, Barrierefreiheit als zentrales Designprinzip zu verstehen. Abschn. 1.6.6.
- Wenn Sie nicht über einen Zugang zu Peergroups von Seh-, Hör-, kognitiv und motorisch behinderten Menschen verfügen, nutzen Sie die Persona-Beschreibungen unter Abschn. 4.3.1, 4.4.1, 4.5.1 und 4.6.1.
- Wenn nicht alle Produktlinien gleichzeitig umgestellt werden können, setzen Sie Prioritäten. Sie wissen, welche Produkte in welchen Märkten am besten verkauft werden.
- Beobachten Sie Ihre Marktbegleiter.
- Segmentieren Sie Ihre Vertriebspartner (Importeure, Distributoren und Fachhändler). Lassen Sie sich von Ihren Vertriebspartnern bestätigen, dass sie ebenfalls eine Taskforce BFSG oder zumindest einen Ansprechpartner haben, der sich mit den Barrierefreiheitsanforderungen auskennt.
- Halten Sie Ihre Partner über Ihre Planungen und Fortschritte auf dem Laufenden.
- Informieren Sie die Marktüberwachungsbehörde proaktiv, sollte es zu Herausforderungen kommen.

Bestseller-Produkte vorproduzieren

Für Produkthersteller zum Beispiel von Smartphones, die nicht zu 100 % sicher sind, dass ihre Produkte vom Stichtag an BFSG-konform produziert werden können, kann es durchaus eine Überlegung sein, die Produktion ihrer Bestseller-Produkte vor dem 28. Juni 2025 hochzufahren. Damit stellen sie sicher, dass Importeure, Distributoren und Fachhändler für eine bestimmte Phase mit verkaufbaren Produkten ausgestattet sind.

Das ist allerdings keine langfristige Lösung, da die Produkte nicht weiterentwickelt werden.

- **Zukünftige Entwicklung des BFSG** In der nächsten Iteration des Gesetzes werden vermutlich weitere Produktgruppen mit Internetzugang folgen, zum Beispiel Groß- und Kleingeräte der sogenannten „Weißen Ware“: Kühl- und Gefrierschränke, Waschmaschinen, Herde, Saugroboter etc. Das Gesetz ist gekommenen, um zu bleiben, und es wird in Zukunft noch ausgeweitet werden.

1.7 Checkliste: Importeure, Distributoren und Händler

Sie sind Importeur, Distributor oder Händler eines der Produkte Abschn. 1.6.1? Damit gehören Sie zu den Wirtschaftsakteuren, die zukünftig dafür Sorge tragen müssen, dass alle Produkte, die nach dem Stichtag 28. Juni 2025 produziert wurden und von Ihnen importiert, distribuiert oder verkauft werden, den Anforderungen des BFSG entsprechen.

1.7.1 Besondere Pflichten für Importeure, Distributoren und Händler

Sie dürfen als Importeur, Distributor und Händler nur Produkte in den Verkehr bringen, die die Barrierefreiheitsanforderungen erfüllen.

Wenn Sie Kenntnis davon – oder Grund zur Annahme – haben, dass ein Produkt die Barrierefreiheitsanforderungen nicht erfüllt, dürfen Sie dieses Produkt erst in den Verkehr bringen, wenn die Konformität hergestellt worden ist. Sie müssen sogar den Produkthersteller und die Marktüberwachungsbehörden proaktiv darüber informieren.

Außerdem müssen Sie dafür Sorge tragen, dass ein Produkt, das sich in Ihrem Verantwortungsbereich befindet, so gelagert und transportiert wird, dass Sie die Barrierefreiheitsanforderungen nicht beeinträchtigen.

Den genauen Wortlaut finden Sie unter https://bfsg-gesetz.de/9-bfsg/, https://bfsg-gesetz.de/10-bfsg/ und https://bfsg-gesetz.de/11-bfsg/.

1.7.2 Ausnahmeregelungen für Importeure, Distributoren und Händler

Es gibt keine Ausnahmeregelungen für Importeure, Distributoren und Händler von Produkten.

Keine Kleinstunternehmen-Ausnahmeregelung für Händler!
Für Händler von Produkten gibt nicht die Kleinstunternehmen-Ausnahmeregelung.

Alle verpflichteten Kleinstunternehmen können sich allerdings kostenlos durch die Bundesfachstelle Barrierefreiheit beraten lassen. Abschn. 1.3.

1.7.3 Wenn Importeure, Distributoren und Fachhändler als Quasi-Produkthersteller fungieren

Wenn Sie als Importeur, Distributor oder Händler ein Produkt unter Ihrem Namen oder Ihrer eigenen Marke in den Verkehr bringt, müssen Sie alle Pflichten eines Produktherstellers übernehmen. Siehe Abschn. 1.6 bis Abschn. 1.6.5. Diese Verpflichtung besteht auch, wenn Importeure, Distributoren oder Händler ein bestehendes Produkt anpassen und verkaufen.

Den genauen Wortlaut des Gesetzestextes finden Sie unter https://bfsg-gesetz.de/12-bfsg/.

Verordnungsermächtigung: Angabe von Lieferanten und Käufern
Importeure, Distributoren und Händler haben auf Verlangen der Marktüberwachungsbehörde Auskunft über Lieferanten und Käufer zu erteilen. Sie müssen belegen:

- von wem sie ein Produkt bezogen haben und/oder
- an wen sie ein Produkt abgegeben haben.

Importeure, Distributoren und Händler müssen darüber hinaus sicherstellen, dass sie die Angaben auch nach fünf Jahren ab dem Zeitpunkt des Bezugs des Produkts oder der Abgabe des Produkts – nach dem Stichtag – vorlegen können.

Den genauen Wortlaut des Gesetzestextes finden Sie unter https://bfsg-gesetz.de/13-bfsg/.

1.7.4 Sanktionen für Importeure, Distributoren und Händler

Wenn die nach dem Stichtag hergestellten Produkte nicht den Barrierefreiheitsanforderungen entsprechen, dürfen Sie sie in ganz Europa nicht mehr verkaufen. Sie müssen diese Produkte zurücknehmen oder auch eine Rückrufaktion dafür starten. Darüber hinaus können Bußgelder von 10.000 bis zu 100.000 € erhoben werden.

1.7.5 Roadmap für Importeure, Distributoren und Händler

Für Sie als Importeur, Distributor und Händler wird die Auswahl Ihrer Produktlieferanten entscheidend sein.

- Setzen Sie eine Taskforce oder zumindest eine zuständige Person für das Thema BFSG ein.
- Erarbeiten Sie eine Barrierefreiheitsstrategie. Kap. 3.
- Überprüfen Sie rechtzeitig Ihre Verträge mit Herstellern der Produkte.
- Lassen Sie sich von den Herstellern oder von Ihren Vertragspartnern über den Status der Umsetzung der Barrierefreiheitsrichtlinien informieren.
- Lassen Sie sich jetzt schon zusichern, dass die produzierten Produkte vom Stichtag an barrierefrei sein werden.
- Entwickeln Sie spezifische Vertriebsstrategien. Stellen Sie zum Beispiel sicher, dass Sie für die Übergangsphase nach dem Stichtag gegebenenfalls ausreichend Produkte auf Lager haben, die Sie verkaufen dürfen.
- Planen Sie Ihre interne und externe Kommunikation.
- Schulen Sie Ihre Mitarbeiter.
- Kontrollieren Sie sich selbst und bereiten Sie sich auf Undercover-Einkäufe – initiiert durch Wettbewerber – vor.
- Informieren Sie die Marktüberwachungsbehörde proaktiv, sollte es zu Herausforderungen kommen.

Sollten Sie als Quasi-Produkthersteller auftreten, nutzen Sie die Roadmap für Produkthersteller in Abschn. 1.6.7.

1.8 Checkliste: Dienstleistungsanbieter

Anbieter von Dienstleistungen müssen den Zugang und die Nutzung Ihrer Leistung nach dem 28. Juni 2025 barrierefrei gestalten. Dazu müssen Sie das Frontend, mit dem Verbraucher interagieren, verändern. Gegebenenfalls sind dafür auch Anpassungen im Backend notwendig.

1.8.1 Dienstleistungen, die vom BFSG erfasst werden

Diese Dienstleistungen sind für Menschen mit Beeinträchtigungen besonders wichtig:

- Telekommunikationsdienste
- Bankdienstleistungen
- Dienstleistungen im elektronischen Geschäftsverkehr (E-Commerce)
- E-Books
- auf Mobilgeräten angebotene Dienstleistungen (inklusive Apps) im überregionalen Personenverkehr
- Personenbeförderungsdienste (für Stadt-, Vorort- und Regionalverkehrsdienste nur interaktive Selbstbedienungsterminals)

1.8.1.1 Was sind Telekommunikationsdienste?

Telekommunikationsdiensten sind Dienste, die ganz oder überwiegend in der Übertragung von Signalen über Telekommunikationsnetze bestehen. Das umfasst:

- Telefonie (Festnetz und Mobilfunk)
- Internetzugang
- SMS, MMS, E-Mail-Dienste
- Datenübertragungsdienste beispielsweise VPNs und Standleitungen
- Sprach-, Text- oder Bildkommunikation in Echtzeit zum Beispiel VoIP und Messenger-Dienste

1.8.1.2 Was sind Bankdienstleistungen?

Bankdienstleistungen – auch Bankgeschäfte oder Bankleistungen genannt – sind Leistungen, die von Banken und anderen Kreditinstituten erbracht werden, in der Regel im Zusammenhang mit dem Umgang mit Geld, Krediten, Zahlungen, Vermögensverwaltung und Finanzberatung.

- Kontoführung und Zahlungsverkehr (von Online- bis Mobile-Banking)
- Kredit- oder Debitkarten
- Kredit- und Finanzierungsdienstleistungen (vom Dispokredit bis zur Baufinanzierung)
- Spar- und Anlageprodukte (von Sparbüchern bis Wertpapierhandel)
- Versicherungs- und Vorsorgedienstleistungen (von der privaten Haftpflicht- bis zur privaten Pflegeversicherung)
- Internationale Bankdienstleistungen (von Währungsumtausch bis zum Devisenhandel).
- Digitale und innovative Bankdienstleistungen (von Mobile Payment über Kryptowährungen bis Robo-Advisory)

1.8.1.3 Was sind E-Commerce-Dienstleistungen?

Dienstleistungen im elektronischen Geschäftsverkehr (E-Commerce) umfassen alle digitalen Services, die Kauf, Verkauf und Abwicklung von Geschäften über das Internet ermöglichen.

- Online-Marktplätze und E-Commerce-Plattformen wie beispielsweise Amazon, Otto, Zalando
- Digitale Marktplätze zum Beispiel Alibaba, eBay, Etsy
- B2B-Plattformen zum Beispiel Alibaba B2B, Mercateo
- Zahlungsdienstleistungen, Online-Bezahlsysteme zum Beispiel Klarna, PayPal, Stripe
- Kredit- oder Debitkarten-Zahlung
- Mobile Payment wie zum Beispiel Apple Pay, Google Pay
- Kryptowährungszahlungen wie Bitcoin oder Ethereum
- Abonnement- und Ratenzahlungsmodelle.

ISO-Normen für die Entwicklung von Dienstleistungen

Diese ISO-Normen sind auch ausschlaggebend bei der Umsetzung von digitaler Barrierefreiheit für Produkte. Eine ausführlichere Beschreibung, was die ISO-Normen für Barrierefreiheit tun können, finden Sie unter Abschn. 1.6.6.

- **ISO 9241-210:2019 – Ergonomie der Mensch-System-Interaktion**
  Teil 210: Menschenzentrierte Gestaltung interaktiver Systeme
  Kostenpflichtiger Download unter https://www.iso.org/standard/77520.html
- **ISO 9241-20:2021 – Ergonomie der Mensch-System-Interaktion**
  Teil 20: Ein ergonomischer Ansatz zur Zugänglichkeit innerhalb der ISO 9241-Reihe
  Kostenpflichtiger Download unter https://www.iso.org/standard/80709.html
- **ISO 9241-171:2008 – Ergonomie der Mensch-System-Interaktion**
  Teil 171: Leitfaden für die Zugänglichkeit von Software
  (Diese Veröffentlichung wurde zuletzt im Jahr 2018 überprüft und bestätigt. Daher bleibt diese Version aktuell. Sie wird aber voraussichtlich in den nächsten Monaten durch ISO/DIS 9241-171 ersetzt.)
  Kostenpflichtiger Download unter https://www.iso.org/standard/39080.html

1.8.2 Ausnahmeregelungen für Dienstleister

Für Dienstleister gibt es Ausnahmeregelungen. Die Voraussetzungen:

- Sie gehören zu den sogenannten „Kleinstunternehmen" mit weniger als zehn Vollzeitbeschäftigten oder höchstens 2 Mio. € Jahresumsatz.

- Für den Anbieter ergeben sich durch die Barrierefreiheit grundlegende Veränderungen der Wesensmerkmale seiner Dienstleistung. Diesen Umstand müssen Sie proaktiv bei Ihrer Marktüberwachungsbehörde anzeigen und selbst belegen. Mehr finden Sie unter https://bfsg-gesetz.de/16-bfsg/
- Oder für den Anbieter stellt die Herstellung von Barrierefreiheit eine unverhältnismäßige (nachweißbar bedrohliche) Belastung dar. Das müssen Sie proaktiv bei Ihrer Marktüberwachungsbehörde anzeigen.

Ausnahmeregelungen unverhältnismäßige Belastung

Wer sich auf eine unverhältnismäßige Belastung berufen will, muss das der Marktüberwachungsbehörde proaktiv nachweisen. Eine unverhältnismäßige Belastung kann dabei gegebenenfalls einzelne Inhalte betreffen oder sogar ganze Anwendungen. Dennoch müssen die betroffenen Inhalte zumindest so weit wie möglich barrierefrei gestaltet werden. Es dürfen lediglich jene Anforderungen unerfüllt bleiben, die dafür sorgen würden, dass erst eine unverhältnismäßige Belastung entsteht. Alle Ihnen möglichen Barrierefreiheitsanforderungen sind dennoch zu erfüllen.

Die Beurteilung, ob eine unverhältnismäßige Belastung vorliegt, obliegt zunächst dem Wirtschaftsakteur selbst. In der Anlage 4 des Barrierefreiheitsstärkungsgesetzes finden Sie den umfangreichen Kriterienkatalog, nach dem Sie die Belastung nachweisen müssen: https://bfsg-gesetz.de/anlage-4/.

Prüfen Sie selbst, ob bei Ihnen die Herstellung von digitaler Barrierefreiheit nicht doch weniger Aufwand macht, als all die Informationen zu beschaffen, die erforderlich sind, um den Kriterienkatalog für die Ausnahmeregelung zu erfüllen. ◀

1.8.3 Übergangsfristen für Dienstleistungen

Für vorher abgeschlossene, laufende Verträge für Dienstleistungen, beispielsweise Telekommunikationsdienste, gilt eine Übergangsfrist von maximal fünf Jahren. Das heißt, dass Verträge, die vor dem 28. Juni 2025 geschlossen werden, bis zum Ablauf der Vertragslaufzeit – allerdings nicht länger als 28.06.2030 – unverändert fortbestehen dürfen.

E-Books haben keine Übergangsfrist

E-Books, die nach dem Stichtag veröffentlicht werden, müssen barrierefrei angeboten werden. Entscheidend ist dabei nicht, wann gegebenenfalls die dazugehörige Print-Version erstmals veröffentlicht wurde. Sondern das Erstellungsdatum des E-Books ist entscheidend. Abschn. 3.3.4. ◀

1.8.4 Sanktionen für Dienstleister

Anbieter, die keine Ausnahmeregelungen in Anspruch nehmen können, müssen das Frontend für ihre Dienste gegenüber dem Verbraucher vom 29. Juni 2025 an barrierefrei zur Verfügung stellen. Ansonsten dürfen sie ihre Dienstleistungen in Europa nicht mehr anbieten. Neue Verträge werden ungültig. Bei Verstößen können Bußgelder von bis zu 100.000 € erhoben werden.

1.8.5 Roadmap für Dienstleister

Wenn Sie Ihre vom BFSG erfassten Dienstleistungen weiterhin in der EU anbieten wollen, haben Sie vermutlich bereits eine BFSG-Taskforce eingerichtet. Denn für Dienstleister werden strategische Entscheidungen und die rechtzeitige technische Umsetzung entscheidend sein.

- Überprüfen Sie den Zugang und die Nutzung Ihrer Dienstleistungen daraufhin, ob oder inwieweit sie bereits den europäischen Barrierefreiheitsanforderungen entsprechen.
- Eruieren Sie, über welche spezifischen Design- und Softwareanpassungen sich Barrierefreiheit für Ihre Dienstleistung am sinnvollsten herstellen lässt.
- Nutzen Sie dafür die Normen ISO 9241-210:2019, ISO 9241-20:2021 und ISO 9241-171:2008, die Ihnen helfen, Barrierefreiheit als zentrales Designprinzip zu verstehen. Abschn. 1.6.6.
- Wenn Sie nicht über einen Zugang zu Peergroups von Seh-, Hör-, kognitiv und motorisch behinderten Menschen verfügen, nutzen Sie die Persona-Beschreibungen unter Abschn. 4.3.1, 4.4.1, 4.5.1 und 4.6.1.
- Beobachten Sie Ihre Marktbegleiter.
- Segmentieren Sie Ihre Vertriebspartner. Lassen Sie sich von Ihren Vertriebspartnern bestätigen, dass sie ebenfalls eine Taskforce BFSG oder zumindest einen Ansprechpartner haben, der sich mit den Anforderungen auskennt.
- Halten Sie Ihre Partner über Ihre Fortschritte auf dem Laufenden.
- Entwickeln Sie spezifische Vertriebsstrategien.
- Planen Sie Ihre interne und externe Kommunikation.
- Schulen Sie Ihre Mitarbeiter.

- Informieren Sie Ihre zuständigen Marktüberwachungsbehörde proaktiv, wenn es zu Herausforderungen kommen sollte.

Falls Sie eine der Ausnahmeregelungen Abschn. 1.8.2 für sich in Anspruch nehmen wollen, informieren Sie die Marktüberwachungsbehörde und auch Ihre Vertriebspartner.

1.9 Checkliste: Vertriebspartner von Dienstleistungen

Sie sind Vertragspartner für eine der Dienstleistungen Abschn. 1.8.1? Damit gehören Sie zu den Wirtschaftsakteuren, die zukünftig dafür Sorge tragen müssen, dass alle Dienstleistungen, für die Sie Verträge nach dem Stichtag 28. Juni 2025 abschließen, den Anforderungen des BFSG entsprechen.

Für vor dem Stichtag abgeschlossene Verträge der Vertriebspartner gelten die gleichen Übergangsfristen von maximal fünf Jahren. Abschn. 1.8.3.

1.9.1 Sanktionen für Vertriebspartner

Wenn die Dienstleistungen nicht den Barrierefreiheitsanforderungen entsprechen und der Dienstleister nicht durch eine Ausnahmeregelung befreit ist, dürfen Sie innerhalb von Europa ab dem 29. Juni 2025 keine neuen Verträge mehr für die Dienstleistung abschließen. Diese neuen Verträge sind ungültig. Darüber hinaus können Bußgelder von 10.000 bis zu 100.000 € erhoben werden.

1.9.2 Roadmap für Vertriebspartner

Für Vertriebspartner werden die Auswahl ihrer Dienstleister und der Umgang mit Kunden entscheidend sein.

- Setzen Sie eine BFSG-Taskforce ein und erarbeiten Sie eine Barrierefreiheitsstrategie. Kap. 3.
- Überprüfen Sie rechtzeitig Ihre Verträge mit Dienstleistern.
- Lassen Sie sich von den Dienstleistern oder von Ihrem Vertragspartner über den Status der Umsetzung der Barrierefreiheitsrichtlinien informieren.

- Oder lassen Sie sich jährlich schriftlich bestätigen, dass der Dienstleister unter eine der Ausnahmeregelungen Abschn. 1.8.2 fällt.
- Lassen Sie sich jetzt schon zusichern, dass die Dienstleistung ab dem Stichtag – allerdings spätestens bis zum 27. Juni 2030 – barrierefrei sein werden.
- Segmentieren Sie die Verträge Ihrer Kunden.
- Informieren Sie Ihre Kunden rechtzeitig, falls Sie Verträge kündigen müssen, und erstellen Sie Alternativ-Angebote.
- Entwickeln Sie spezifische Vertriebsstrategien.
- Planen Sie Ihre Kommunikation.
- Schulen Sie Ihre Mitarbeiter.
- Informieren Sie Ihre zuständige Marktüberwachungsbehörde proaktiv, falls es zu Herausforderungen kommen sollte.

1.10 Checkliste Leistungserbringer/Leistungsanbieter

Alle Unternehmen, Verbände und sogar Vereine müssen – unter Umständen – bis zum 28. Juni 2025 Apps, Onlineshops, Websites sowie digitale Dokumente barrierefrei gestalten. Denn viele nutzen bei der digitalen Kommunikation mit Verbrauchern Dienstleistungen der Telemedien, Bankdienstleistungen oder Leistungen des elektronischen Geschäftsverkehrs (E-Commerce). Damit werden sie – dem BFSG nach – zu sogenannten Leistungserbringern.

Unternehmen, die wenigstens einen der folgenden Services in der Kommunikation mit Verbrauchern und Verbraucherinnen anbieten, gehören ebenfalls zu den verpflichteten Wirtschaftsakteuren.

1.10.1 Leistungen von Leistungserbringern, die vom BFSG erfasst werden

Diese Leistungen von Leistungserbringern sind von besonderer Wichtigkeit für Menschen mit Einschränkungen:

- Apps
- Onlineshops
- Websites
- Digitale Dokumente

1.10.1.1 Apps/Onlineshop

Wenn Sie eine der folgenden Fragen mit „Ja“ beantworten, müssen Sie Ihre App oder Ihren Onlineshop barrierefrei gestalten. Können Verbraucher:

- Beispielsweise Produkte per App bewerten oder an Gewinnspielen teilnehmen?
- Über den Onlineshop Produkte oder Dienstleistungen einkaufen?

1.10.1.2 Website

Wenn Sie eine der folgenden Fragen mit „Ja“ beantworten, müssen Sie Ihre Website barrierefrei gestalten. Können Verbraucher:

- Über die Website Termine vereinbaren?
- Sich in einen Kundenbereich einloggen?
- Über ein Helpdesk-System ein Support-Ticket eröffnen?
- Über ein Kontaktformular, Chat oder Rückrufservice Kontakt herstellen?
- Einen Spendenbutton nutzen?

Mindestanforderungen an barrierefreie Websites

Das BFSG schreibt für betroffene Unternehmen die Einhaltung der Konformitätsstufe AA der WCAG 2.1 vor. Das bedeutet also, dass die Anforderungen der WCAG-Stufen A und AA erfüllt sein müssen, um den gesetzlichen Vorgaben zu entsprechen.

WCAG steht für „Web Content Accessibility Guidelines“ – zu Deutsch: Richtlinien für barrierefreie Webinhalte. Diese Richtlinien bieten einen internationalen Standard für die Barrierefreiheit von Webinhalten und definieren, wie Websites gestaltet werden müssen, damit sie für Menschen mit Behinderungen bestmöglich zugänglich sind.

Die Anforderungen der WCAG 2.1 basieren auf vier grundlegenden Prinzipien:

Wahrnehmbarkeit: Inhalte müssen so gestaltet sein, dass alle Nutzer sie wahrnehmen können, unabhängig davon, ob sie visuelle, auditive oder andere Einschränkungen haben. Dies beinhaltet zum Beispiel Alternativtexte für Bilder und die Bereitstellung von Untertiteln für Videos.

Bedienbarkeit: Die Website muss für alle Nutzer bedienbar sein, unabhängig von ihren Fähigkeiten. Dies bedeutet, dass alle Funktionen, einschließlich der Navigation mit der Tastatur steuerbar sein müssen und ausreichend Zeit für Interaktionen bereitgestellt wird.

Verständlichkeit: Die Informationen und Benutzeroberflächen müssen verständlich sein. Dazu gehören klare und einfache Sprache, konsistente Navigation und die Vermeidung unerwarteter Kontextänderungen.

Robustheit: Inhalte müssen so robust sein, dass sie mit einer Vielzahl von Benutzeragenten, einschließlich Technologien, die assistieren – etwa mit Screenreadern – kompatibel sind und korrekt dargestellt werden.

1.10.1.3 Digitale Dokumente

Wenn Sie eine der folgenden Fragen mit „Ja" beantworten, müssen Sie Ihre Dokumente barrierefrei gestalten. Erhalten Verbraucherinnen und Verbraucher über Ihre App, Ihren Shop oder Ihre Website vertragsrelevante Dokumente? Zum Beispiel:

- Information über Produkte, Dienstleistungen oder Services?
- Angebote über Produkte, Dienstleistungen oder Services?
- Verträge, Rechnungen, Lieferscheine, Vertragsänderungen oder Stornos?

Ermittlung Jahresumsatz

Bei der Ermittlung der Umsätze kommt es nicht nur auf den Jahresumsatz mit der App oder mit dem Onlineshop und die Anzahl der dafür beschäftigten Mitarbeiter an, sondern auf die Zahlen des gesamten Unternehmens. Es sei denn, App oder Onlineshop wurden als eigenständiges Unternehmen ausgegründet. Dann wäre nur der Jahresumsatz dieses Unternehmens relevant.

▶ **Wann muss was barrierefrei gestaltet werden?**

Wenn App oder Onlineshop auf der Website integriert sind, müssen sowohl die App oder der Shop als auch die gesamte Website barrierefrei gestaltet sein. Wenn die Website aber nur auf eine separate App oder einen separaten Onlineshop verlinkt, wenn diese also nicht direkt mit der Website verknüpft sind, müssen nur die App oder der Onlineshop barrierefrei gestaltet werden.

Wenn die Services auf der Website mit einer Dienstleistung im elektronischen Geschäftsverkehr in Verbindung stehen, bedeutet das nach den Vorschriften des BFSG, dass die gesamte Website barrierefrei gestaltet sein muss.

1.10.2 Ausnahmeregelungen für Leistungserbringer/Leistungsanbieter

Leistungserbringer können die gleichen Ausnahmeregelungen in Anspruch nehmen wie Dienstleister. Abschn. 1.8.2.

1.10.3 Übergangsfristen für Leistungserbringer/Leistungsanbieter

Es gibt keine Übergangsfristen für Leistungserbringer.

1.10.4 Sanktionen für Leistungserbringer/Leistungsanbieter

Leistungserbringer, die keine Ausnahmeregelungen in Anspruch nehmen können, müssen das Frontend und den Prozess für Apps, Onlineshops, vertragsrelevante Dokumente und Website gegenüber VerbraucherInnen vom 29.06.2025 an barrierefrei zur Verfügung stellen. Ansonsten dürfen sie die Leistungen, die im Zusammenhang mit Telemedien stehen, nicht mehr zu Vertragsanbahnung und Abschluss nutzen. Bei Verstößen können Bußgelder von bis zu 100.000 € erhoben werden.

1.10.5 Roadmap für Leistungserbringer/Leistungsanbieter

- Setzen Sie eine BFSG-Taskforce ein.
- Wenn Sie nicht über einen Zugang zu Peergroups von Seh-, Hör-, kognitiv und motorisch behinderten Menschen verfügen, nutzen Sie die Persona-Beschreibungen unter Abschn. 4.3.1, 4.4.1, 4.5.1 und 4.6.1.
- Erarbeiten Sie eine Barrierefreiheitsstrategie. Kap. 3.
- Falls Sie eine der Ausnahmeregelungen Abschn. 1.10.2 für sich in Anspruch nehmen wollen, informieren Sie Ihre Marktüberwachungsbehörde.
- Lassen Sie sich von Ihren App-, Shop-, Softwareanbietern bestätigen, dass die Versionen, die Sie nutzen, die grundsätzlichen Funktionen für die Herstellung von Barrierefreiheit erhalten werden. Gegebenenfalls müssen Sie neue Anbieter anfragen.
- Zerlegen Sie das BFSG-Projekt in einzelne Teilprojekte. Zum Beispiel Umsetzung von Apps, Onlineshops, Website, PDF-Dokumenten, Bildunterschriften.
- Unterteilen Sie die Projekte in leicht erreichbare Quick Wins. Feiern Sie sich beispielsweise, wenn alle Alternativtexte für Abbildungen ergänzt sind oder wenn alle PDF-Dokumente barrierefrei sind.
- Nutzen Sie selbst generative KI, um die Umsetzung zu beschleunigen.

- Involvieren Sie gegebenenfalls zusätzlich zu Ihren internen auch externe Dienstleister.
- Involvieren Sie Ihre Vertriebs- und Kommunikationsabteilung: Planen Sie Ihre interne und externe BFSG-Kommunikation.
- Schulen Sie Ihre Mitarbeiter.
- Informieren Sie die Marktüberwachungsbehörde proaktiv, falls es zu Herausforderungen kommen sollte.

1.11 Die grundlegenden Anforderungen des BFSG

Das Barrierefreiheitsstärkungsgesetz verlangt, dass Produkte, Dienstleistungen, Apps, Onlineshops, Websites und digitale Dokumente für Menschen mit Behinderungen ohne besondere Erschwernis und grundsätzlich ohne fremde Hilfe auffindbar, zugänglich und nutzbar sind. Dazu muss jedes digitale Angebot (jedes enthaltene Format wie Text, Bild, Audio, Video) über mehr als nur einen Sinneskanal zugänglich gemacht werden.

1.11.1 Welche Formate müssen unterstützt werden?

Durch die Unterstützung unterschiedlicher und komplementärer Sinneskanäle erfüllen Sie die Anforderungen des BFSG hinsichtlich der Inhalte und Sie erreichen mit Ihrer Botschaft auch mehr Personen innerhalb Ihrer Zielgruppe.

1.11.1.1 Sprachausgabe

Zukünftig reicht es nicht mehr aus, beispielsweise in einem Onlineshop die zu erwerbenden Produkte und Dienstleistungen sowie Vertragsdokumente in Text und Bild darzustellen. Die Texte, Bildbeschreibungen und PDF-Dokumente müssen zum Beispiel auch über Sprachausgabe hörbar und damit auditiv wahrnehmbar sein.

▶ **Die Braillezeile** All die Informationen, die über Sprachausgabe hörbar gemacht werden können, lassen sich für Personen, die Blindenschrift lesen können, auch als Braillezeile ausgeben. Die dazu benötigte Hardware- und Software liegt in der Verantwortung der beeinträchtigten Person. Um den Barrierefreiheitsanforderungen zu entsprechen, müssen Sie aber über eine entsprechende Struktur (Design) die Voraussetzung dafür bieten.

1.11.1.2 Textausgabe

Wenn zum Beispiel eine Website darüber hinaus Video- und Audioinhalte nutzt, müssen die Inhalte auch als Text dargestellt werden. Zum Beispiel durch Untertitel oder als Transkript.

Gebärdensprache

Die meisten kennen Gebärdensprachdolmetscher durch das Fernsehen. Wichtige Ansprachen von Politikern oder auch die Nachrichten werden gebärdet. Auf Websites von Behörden werden jedoch auch Texte durch Gebärdende vorgetragen. Das liegt daran, dass Text für taube Menschen wie eine Fremdsprache ist und erlernt werden muss. Denn die Grammatik der deutschen Gebärdensprache unterscheidet sich stark von der der deutschen Sprache. Es ist um ein Vielfaches schwieriger, eine Sprache zu erlernen, die man nicht hören kann. Es ist deshalb eine Überlegung wert, besonders wichtige Informationen auch über Gebärdensprach-Videos darzustellen.

Städte und Kommunen müssen Inhalte auch als Gebärde zur Verfügung stellen. Für private Wirtschaftsakteure ist die Nutzung von Gebärdensprache optional.

Leichte Sprache

„Leichte Sprache“ ist eine speziell geregelte einfache Sprache. Sie hilft Menschen, Texte zu verstehen. Auch komplexe Themen können leichter verständlich dargestellt werden. Häufig gehört für Unternehmen aber eine bestimmte Sprache zur Corporate Identity – zum Erscheinungsbild. Darüber hinaus werden Inhalte zum Beispiel auf der Website gerne kompakt dargestellt, um unnötiges Scrollen zu vermeiden. So ist ein Satz beispielsweise in deutscher Sprache schon deutlich länger als im Englischen. Das bedeutet, dass sich viele Layout-Vorgaben für internationale Websites bei der Verwendung von Leichter Sprache nicht einhalten lassen.

Für Städte und Kommunen ist die Verwendung von Leichter Sprache schon seit längerem Pflicht. Für private Wirtschaftsakteure ist sie noch optional.

1.12 Wie muss die Bedienbarkeit unterstützt werden?

Für Menschen mit Beeinträchtigungen sollen Ihre digitalen Angebote ohne besondere Erschwernis zugänglich und nutzbar sein. Die neuen barrierefreien Produkte werden dabei natürlich helfen. Doch sicherlich werden sich nicht alle sofort ein neues Gerät anschaffen können. Und generell liegt es in Ihrer Verantwortung, die digitalen Angebote zugänglich und bedienbar zu machen.

1.12.1 Physische Bedienbarkeit

Die Mindestanforderung, die Sie bei der Bedienbarkeit unterstützen müssen, ist die Bedienbarkeit über Tasten.

Die Bedienung zum Beispiel über Sprach-, Augen- oder Gestensteuerung ist optional. Diese optionalen Möglichkeiten hängen sehr stark von der genutzten Peripherie des Anwenders ab.

Chancen

2

2.1 Wie viele Menschen profitieren von digitaler Barrierefreiheit?

Jeder Mensch profitiert von mehr digitaler Barrierefreiheit. Denn motorisch behindert sind wir schon, wenn wir ein Kind auf dem Arm halten. Eine gewisse Sehbehinderung bemerkt jeder, wenn wir bei Sonneneinstrahlung nicht mehr alles auf dem Bildschirm erkennen können. Eine Hörbehinderung kann schon durch den Umgebungslärm in einem Großraumbüro entstehen. Kognitiv beeinträchtigt sind wir, wenn wir versuchen, Multitasking zu betreiben. Situative Behinderungen sind vielfältig und passieren jedem.

Es gibt auch temporäre Beeinträchtigungen: zum Beispiel einen eingegipsten Arm. Vielleicht ist ein Auge verletzt, oder wir haben gerade unsere Brille verlegt. Auch eine Mittelohrentzündung, ein Hörsturz, Migräne oder Müdigkeit können uns bei der Nutzung von Onlineshops und Websites behindern.

▶ **Abweichungen in der Statistik** Bei den statistischen Auswertungen kommt es gegebenenfalls zu kleinen Abweichungen, weil die Zahlen in unterschiedlichen Jahren erhoben wurden und die Einwohnerzahl in Deutschland schwankt.

Die Zahl der Menschen, die mit situativen und temporären Behinderungen zu kämpfen haben, ist statistisch schwer zu erfassen. Die Zahl derer, die dauerhaft betroffen sind, ist zudem höher, als man denkt:

G. Horcher, *Barrierefrei und nutzerzentriert kommunizieren*,
https://doi.org/10.1007/978-3-658-48520-7_2

- In Deutschland leben rund 7,9 Mio. Menschen mit einer schweren, dauerhaften Behinderung.[1] Das sind rund 9,3 % der Bevölkerung.
- Und in einer immer älter werdenden Bevölkerung nimmt der Anteil der Menschen mit Behinderungen zu. 18,6 Mio. Menschen – rund 22 % – sind älter als 65 Jahre.[2]
- Zudem sprechen 12,3 Mio. – rund 15 % – der in Deutschland lebenden Menschen die deutsche Sprache nicht als Muttersprache.[3]
- Hinzu kommen 6,2 Mio. Menschen in Deutschland, die nicht oder nur unzureichend lesen und schreiben können.[4] Das entspricht 7,5 % der Bevölkerung.

Insgesamt sind 45 Mio. Menschen betroffen. Sicherlich gibt es Überschneidungen der Betroffenengruppen und damit eine gewisse Mehrfachzählung in dieser Summe. Dennoch kann man bei einer aktuellen Einwohneranzahl von 82,7 Mio. unter dem Strich wohl sagen, dass jeder Zweite in Deutschland digitale Barrierefreiheit braucht. Nimmt man die möglichen situativen und temporären Beeinträchtigungen hinzu, kommt man zu dem Schluss, dass jeder von digitaler Barrierefreiheit profitiert.

▶ „Behindert ist man nicht – behindert wird man."

▶ **Wie profitieren Organisationen?**

- **Dauerhaft vergrößertes Marktvolumen:** Digitale Barrierefreiheit führt insgesamt zu einem dauerhaft vergrößerten Marktvolumen, weil mehr Menschen am Markt teilnehmen.
- **Verbesserte Customer Experience:** Unternehmen stärken durch eine verbesserte Kundenerfahrung ihre Wettbewerbsfähigkeit.
- **Attraktiver Arbeitgeber:** Die affirmative Haltung eines Unternehmens zu Menschenrechten und Nachhaltigkeit macht Organi-

---

[1] https://www.destatis.de/DE/Themen/Gesellschaft-Umwelt/Gesundheit/Behinderte-Menschen/_inhalt.html

[2] https://de.statista.com/statistik/daten/studie/1365/umfrage/bevoelkerung-deutschlands-nach-altersgruppen/

[3] https://www.destatis.de/DE/Presse/Pressemitteilungen/Zahl-der-Woche/2023/PD23_08_p002.html

[4] https://www.xn--mein-schlssel-zur-welt-0lc.de/de/helfen/zahlen-und-fakten/zahlen-und-fakten.html

sationen, die digitale Barrierefreiheit als einen Purpose verstehen, als Arbeitgeber für Fachkräfte deutlich attraktiver.
- **Umsetzung mit KI:** Für die Umsetzung der Barrierefreiheit können viele Prozesse automatisiert – oder zumindest teilautomatisiert – mithilfe von künstlicher Intelligenz umgesetzt werden.

2.1.1 Nachhaltigkeit-Ziel: Weniger Ungleichheiten

Selbst wenn es heute mehr Menschen im Alter von über 55 Jahren gibt, die von Behinderungen betroffen sind, legen auch sehr viele junge Menschen – sogar in Social Media – Wert auf digitale Barrierefreiheit. Denn wenn man jemanden mit einer Beeinträchtigung kennt, ist man für die Themen Barrierefreiheit, Fairness und Selbstbestimmtheit automatisch sensibilisiert.

„Niemand darf wegen seiner Behinderung benachteiligt werden" – das ist bereits im Grundgesetz (Artikel 3, Absatz 3) verankert. Zum anderen enthält das Ziel Nr. 10 „Weniger Ungleichheiten" der 17 SDGs[5] (Sustainable Development Goals) die Forderung: Alle Menschen sollen – unabhängig von Alter, Geschlecht, sexueller Orientierung, Behinderung, Ethnizität, Religion, Herkunft oder sozialem und wirtschaftlichem Status – gleiche Möglichkeiten haben.

Nicht jedes Unternehmen kann gleich alle der 17 ambitionierten Ziele der Agenda 2030 umsetzen, die sich die Weltgemeinschaft für eine nachhaltige Entwicklung gesteckt hat. Aber Menschen mit Beeinträchtigungen dabei zu helfen, Inhalten und Botschaften, Anleitungen und Anweisungen besser folgen zu können, liegt im ureigensten Interesse jeder Unternehmung.

▶ „Am 03. Dezember ist der Internationale Tag der Menschen mit Behinderungen."

2.2 Digitale Barrierefreiheit als Trend

Die Sinnhaftigkeit von digitaler Barrierefreiheit ist sicherlich jedem Entscheidungsträger bewusst – auch wenn neue Anforderungen für manche gerade zur Unzeit kommen und unbequem sind. Auch Organisationen entwickeln sich

[5] https://www.bundesregierung.de/breg-de/themen/nachhaltigkeitspolitik/nachhaltigkeitsziele-erklaert-232174

nur weiter, wenn sie ihre Komfortzone ausdehnen. Und es gibt auch Organisation, die eine Herausforderung damit haben, ihre Prokrastination zu überwinden. Da jeder Mensch aber auch ein Verbraucher oder eine Verbraucherin ist, wird sich digitale Barrierefreiheit auch im B2B-Umfeld zum Kommunikationstrend entwickeln.

▶ „Was mich als Kommunikationswissenschaftlerin von digitaler Barrierefreiheit überzeugt hat: Wenn wir Inhalte in unterschiedlichen Content-Formaten anbieten, sind Menschen in unterschiedlichsten Situationen in der Lage, unsere Botschaften zu rezipieren. Das heißt: Wir können noch besser kommunizieren."

2.2.1 Wir begehren, was wir täglich nutzen

Sie kennen dieses Zitat vom Film-Psychopathen Hannibal Lecter aus „Das Schweigen der Lämmer": „Wir begehren, was wir täglich sehen." Es lässt sich durchaus auf die voraussichtlich wachsende Verbreitung digitaler Barrierefreiheit übertragen. Wenn wir als Verbraucher und Verbraucherinnen zum Beispiel immer öfter in Onlineshops kaufen, die es uns einfach machen, in jeder Situation alle relevanten Informationen zu erfassen, weil sie über unterschiedliche Sinneskanäle wahrgenommen werden können, werden wir das sehr schnell schätzen lernen.

Das „Sunday/Monday Gap" wird aufgehoben: Personen werden dieses Einkaufserlebnis nicht nur beim privaten Onlineshopping schätzen, sondern es immer mehr auch beim Einkauf im beruflichen Umfeld erwarten – und generell beim Arbeiten mit digitalen Geräten.

Selbst in Social Media – von Instagram bis LinkedIn – werden die Videos heute schon mit Untertiteln versehen, weil der Lautsprecher im Büro oder unterwegs häufig ausgestellt ist. Influencer und Meinungsführer sind aber darauf angewiesen, dass ihre Botschaft trotzdem ankommt. Barrierefreiheit sorgt für eine Win-win-Situation – in der Kommunikation mit Verbrauchern und Verbraucherinnen wie in der Business-to-Business-Kommunikation.

Deshalb ist nicht die Frage entscheidend, ob Sie als Organisation rein rechtlich unter das BFSG fallen, sondern ob Sie es Ihrer Zielgruppe nicht einfach leichter machen wollen. Ob Sie die wichtige Zielgruppe der Menschen mit einer dauerhaften, temporären oder auch nur situationsbedingten Beeinträchtigung wirklich weiterhin ausschließen wollen – als mögliche Kunden, Mitarbeiter, Partner oder Investoren. Denn Sie können mit Ihren bestehenden Mitteln – unterstützt durch Künstliche Intelligenz – Menschen mit Behinderungen nicht nur ein selbstbestimmteres Leben ermöglichen, Sie können gleichzeitig Ihre Wettbewerbsfähigkeit stärken.

▶ „Am 05. Mai wird der europäische Protesttag zur Gleichstellung von Menschen mit Behinderung 2025 gefeiert."

2.3 Barrierefreiheit als Business-Development-Chance

Immer wenn neue oder zusätzliche Compliance-Anforderungen an viele Organisationen gestellt werden, müssen externe Berater und Dienstleister möglichst proaktiv agieren. Sie müssen sich schneller und besser mit den neuen Regularien, spezifischen Anforderungen und auch drohenden Sanktionen für ihre Unternehmenskunden auskennen. So stellen sie sicher, dass sie ihre Kunden richtig beraten und unterstützen können. Auch hier gilt: Wer frühzeitig handelt, sichert sich einen Wettbewerbsvorteil.

▶ **Wie profitieren Umsetzer?**

- **Umsatz-Chancen:** Durch die Möglichkeit, mit (potenziellen) Kunden zusätzliche Projekte durchzuführen.
- **Optimiertes Portfolio:** Sie bieten neue und attraktive Dienstleistungen an, die dem Zeitgeist entsprechen.
- **Fuß in der Tür:** Wenn es um die Neuausrichtung der Kommunikation mit innovativen Kommunikationstechnologien und -strategien geht.
- **Attraktiver Arbeitgeber:** Die affirmative Haltung eines Unternehmens zu Menschenrechten und Nachhaltigkeit macht auch Umsetzer als Arbeitgeber für Fachkräfte deutlich attraktiver.
- **Umsetzung mit KI:** Für die Umsetzung der Barrierefreiheit können viele Prozesse automatisiert – oder zumindest teilautomatisiert – mithilfe künstlicher Intelligenz umgesetzt werden.

2.3.1 Wie viele Unternehmen sind in Deutschland verpflichtet?

Circa 190.000 Unternehmen sind in Deutschland verpflichtet, das BFSG umzusetzen. Doch es werden noch viel mehr Unternehmen die Anforderungen des BFSG umsetzen wollen! Warum?

Es wird zum Beispiel Unternehmen geben, die vom Gesetz als Kleinstunternehmen eingestuft werden – und daher nicht verpflichtet sind. Weil sie aber auch davon profitieren wollen, dass sich das Marktvolumen durch digitale Barrierefreiheit vergrößert, möchten sie dieses Feld nicht den größeren Marktbegleitern überlassen. Vielleicht werden diese Unternehmen sogar vorangehen, weil sie flexibler sind und wichtige Anforderungen schneller umsetzen können.

Dazu kommen auch noch B2B-Unternehmen, die zwar ebenfalls nicht unter das BFSG fallen, die aber sehen, dass digitale Barrierefreiheit zum Trend wird. Dass barrierefreie Apps, Onlineshops und Kundenbereiche nur Vorteile haben. Und dass sie durch eine Selbstverpflichtung einen attraktiven Purpose hinzugewinnen, der ihnen Vorteile bei der Suche nach Mitarbeitern bringt.

Auch Vereine oder gemeinnützige Unternehmen, die thematisch mit Beeinträchtigungen oder Benachteiligungen zu tun haben, werden sich – moralisch – verpflichtet fühlen, ihre Inhalte barrierefrei zu kommunizieren.

Und last but not least werden auch Berater, Dienstleister und Serviceprovider – quasi als Proof-of-Concept – den betroffenen Unternehmen zeigen wollen, dass sie digitale Barrierefreiheit können. Und schon sprechen wir von einer deutlich höheren Anzahl von Unternehmen, die digitale Barrierefreiheit umsetzen.

2.3.2 Machen Sie als Dienstleister den Kundensegment-Check

Bilden Sie Segmente Ihrer (potenziellen) Kunden:

- Segment-Check A: Sind Ihre Kunden dem BFSG nach zur Barrierefreiheit verpflichtet?
- Segment-Check B: Sind Ihre Kunden dem BFSG nach nicht verpflichtet?
- Segment-Check C: Sind Ihre Kunden dem BFSG nach zwar verpflichtet, wollen sich aber auf eine Ausnahmeregelung berufen?

- Segment-Check 1: Sind Ihre Kunden Hersteller von Produkten? Abschn. 1.6
- Segment-Check 2: Sind Ihre Kunden Importeure, Distributoren oder Fachhändler der Produkte? Abschn. 1.7

- Segment-Check 3: Sind Ihre Kunden Anbieter von Dienstleistungen? Abschn. 1.8
- Segment-Check 4: Sind Ihre Kunden Vertragspartner für Dienstleistungen? Abschn. 1.9
- Segment-Check 5: Sind Ihre Kunden Organisationen, die nach BFSG als Leistungserbringer/Leistungsanbieter eingestuft werden? Abschn. 1.10

Die Barrierefreiheitsprojekte dieser Gruppen müssen bis zum Stichtag umgesetzt sein. Für externe Berater und Dienstleister ist also reichlich Potenzial für Projekte mit Bestands- und Neukunden vorhanden.

2.3.3 Berater, Dienstleister und Serviceanbieter sind gefragt

Die Liste der möglichen Unterstützungsleistungen in Sachen BFSG-Compliance ist lang und mit Sicherheit noch nicht einmal komplett: Die Leistungen lassen sich in Beratung, Dienstleistung und Service unterteilen. Zur Gruppe der benötigten Dienstleister zählen Rechts- und Unternehmensberater, Programmierer, IT-Dienstleister, Cloud Serviceprovider, Web- und Digitalagenturen bis hin zu Content-Dienstleistern.

2.3.4 Universelle Schritte für das Business Development

Diese Schritte gelten für alle externen Berater, Dienstleister oder Serviceanbieter:

- Machen Sie sich mit den neuen Anforderungen des BFSG vertraut.
- Setzen Sie eine Taskforce „Digitale Barrierefreiheit“ ein. Bringen Sie alle Teilnehmer zum Beispiel durch ein Kick-off-Meeting auf den gleichen Stand.
- Segmentieren Sie Ihre bestehenden Kunden danach, in welchem Ausmaß sie vom BFSG betroffen sind.
- Sprechen Sie Ihre Kunden frühzeitig auf mögliche Beratungen und Projekte an. Sonst wird es eine Nachfrageexplosion und einen enormen Projektstau bei Ihnen geben.
- Nutzen Sie Ihre Angebote im BFSG-Kontext auch, um Kontakte zu potenziellen Wunschkunden herzustellen.
- Schulen Sie Ihre Vertriebs- und Projektmitarbeiter und gegebenenfalls Partner.

- Nutzen Sie selbst (generative) KI-Tools und -Lösungen, um Projekte schneller umzusetzen.
- Sobald sich der erste Projektstau aufgelöst hat, sprechen Sie auch Ihre B2B-Kunden an.
- Nutzen Sie dafür die Normen ISO 9241-210:2019, ISO 9241-20:2021 und ISO 9241-171:2008, die Ihnen helfen, Barrierefreiheit als zentrales Designprinzip zu verstehen. Abschn. 1.6.6.
- Wenn Sie nicht über einen Zugang zu Peergroups von Seh-, Hör-, kognitiv und motorisch behinderten Menschen verfügen, nutzen Sie die Persona-Beschreibungen unter Abschn. 4.3.1, 4.4.1, 4.5.1 und 4.6.1.

2.3.5 Berater

Organisationen können sehr unterschiedliche Anforderungen an Berater für Barrierefreiheitsprojekte haben. Zum Beispiel:

- Rechtsberatung
- Strategieberatung
- Umsetzungsberatung
- Testberatung
- Beratung für die Kommunikation mit der Marktüberwachungsbehörde
- Beratung für interne und externe Kommunikation
- Beratung für Vertriebsstrategien
- Bis hin zu Undercover-Einkäufen und Bestellungen

Spezifische Schritte für Berater

- Welche Beratung dürfen Sie anbieten?
- Welche Beratung können Sie entweder einzeln oder als Portfolio sinnvoll anbieten?
- Welche Beratung können Sie gegebenenfalls nur gemeinsam mit Partnern anbieten?
- Welche Beratungsmodule werden wann am stärksten benötigt?

2.3.6 Content-Dienstleister

Durch die Barrierefreiheitsanforderungen sind Content-Dienstleister wie PR-, Kommunikations- oder Werbeagenturen sowie Content Marketing- und Social Media-Agenturen gefordert, barrierefreie Contents oder Inhalte in unterschiedlichen Formaten zu liefern.

Und es geht dabei nicht nur um kurzfristige Projekte, die bis zum Stichtag umgesetzt werden müssen, sondern auch um langfristige Business-Development-Projekte wie zum Beispiel:

1. Das Barrierefreiheitsstärkungsgesetz führt bis zum Stichtag 2025 zu umfangreichen Content-Umstellungs- bzw. Anreicherungsprojekten.
2. Nach dem Stichtag brauchen Organisationen Verträge für die laufende Erstellung oder Umsetzung von barrierefreien Contents.
3. Darüber hinaus wird das BFSG mit Sicherheit um noch mehr Produkte erweitert. So wird in den Gremien zurzeit beispielsweise über Produkte aus dem Bereich „Weißer Ware“ gesprochen.
4. Und obwohl B2B-Unternehmen noch nicht von den Anforderungen betroffen sind, werden auch sie diesen Kommunikationstrend aufnehmen.

▶ Spezifische Schritte für Content-Dienstleister

- Erstellen Sie – wenn möglich – drei Angebote pro Kundensegment.
  - Bieten Sie zum Beispiel eine Minimallösung zur automatisierten Quick & Dirty-Umsetzung der Mindestanforderungen an: Jedes genutzte Content-Format (Text, Bild, Audio, Video) muss über einen weiteren Sinneskanal wahrgenommen werden können. Nutzen Sie dafür generative KI-Tools, um Texte vorlesen zu lassen und Sprache in Untertitel umzuwandeln.
  - Bieten Sie eine individuelle mittlere Zwischenlösung an.
  - Bieten Sie eine Maximallösung an: inklusive Content-Review zu Beginn, mit Tests zwischendurch und zum Abschluss, und mit langfristigen Verträgen für eine qualitativ hochwertige teilautomatisierte Umsetzung von Inhalten in jeweils passende Content-Formate für Menschen mit Seh-, Hör- oder kognitiven Einschränkungen.

- Nutzen Sie generative KI-Tools, um zum Beispiel Bildbeschreibungen zu erstellen, Text-in-Sprache, Text in Leichte Sprache, Sprache-in-Text oder auch in andere Sprachen umzuwandeln.
- Bieten Sie wichtige Inhalte auch als Gebärdensprache-Videos an.
- Strukturieren Sie PDF-Dokumente neu, um sie vorlesbar zu machen.
- Richten Sie KI-Agenten zur Automatisierung von Prozessen zum Beispiel auf der Website ein.
- Sprechen Sie mit Ihrem Kunden über die Möglichkeit, auch neue Kundeninteraktionsformen wie beispielsweise KI-Klone einzubinden.

2.3.7 Web- und Digital-Agenturen

▶ **Spezifische Schritte für Website-Dienstleister und Digital-Agenturen**

- Erstellen Sie – wenn möglich – drei Angebote pro Kundensegment.
  - Beginnend mit einer Minimallösung zur Umsetzung der Mindestanforderungen, zum Beispiel durch die Integration einer Vorlesefunktion.
  - Bieten Sie eine individuelle mittlere Zwischenlösung an.
  - Bieten Sie eine Maximallösung an, zum Beispiel mit langfristigen Verträgen für eine qualitativ hochwertige Umsetzung von Inhalten in jeweils passende Content-Formate für Menschen mit Seh-, Hör- oder kognitiven Einschränkungen.
- Nutzen Sie (generative) KI-Tools, um zum Beispiel Bildbeschreibungen zu erstellen, Text-in-Sprache, Text in Leichte Sprache, Sprache-in-Text oder auch in andere Sprachen umzuwandeln.
- Bieten Sie Nutzern und Nutzerinnen alternative Methoden für die physische Bedienung eines Onlineshops durch Sprachsteuerung oder durch eine Steuerung per Augenbewegung.
- Schließen Sie zum Beispiel Partnerschaften mit Anbietern und profitieren Sie von jeder Vermittlung.
- Schließen Sie Partnerschaften mit Content-Dienstleistern, um Content-Projekte in höherer Qualität anbieten zu können.

2.3.8 Developer und IT-Dienstleister

Immer dann, wenn Gesetze neue IT-Compliance-Anforderungen an Unternehmen stellen, sind direkt oder indirekt auch Developer, CSPs, MSPs, IT-Dienstleister und Systemhäuser gefordert.

▶ **Spezifische Schritte für Developer und IT-Dienstleister**

- Erstellen Sie – wenn möglich – drei Basisangebote pro Segment.
  - Beginnend mit einer Minimallösung zur Umsetzung der Mindestanforderungen, zum Beispiel durch die Nutzung von Services, die einen Shop oder eine Website durch die Integration einer einzigen Codezeile barrierefrei(er) machen.
  - Bis hin zur optimalen Lösung, zum Beispiel mit langfristigen Verträgen für eine qualitativ hochwertige Umsetzung von Inhalten in jeweils passende Content-Formate für Menschen mit Seh-, Hör-, motorischen oder kognitiven Einschränkungen.
- Setzen Sie selbst (generative) KI-Tools und -Lösungen ein, um Projekte schneller umzusetzen.
- Oder schließen Sie Partnerschaften mit Content-Dienstleistern, um Content-Projekte in höherer Qualität anbieten zu können.

2.3.9 Services Provider

Speziell Cloud Service Provider können für ihre Kunden Lösungen konzipieren und anbieten, die bereits wichtige Aspekte der Barrierefreiheitsanforderungen enthalten. Wie zum Beispiel Website- oder Onlineshop-Baukästen mit bereits integriertem Screenreader.

▶ **Spezifische Schritte für Service Provider**

- Hosten Sie nur Dienstleister, die bis zum Stichtag ihre Leistungen für Europa barrierefrei anbieten können.
- Ordnen Sie Ihre Kunden in Größen-Kategorien ein. Beispielsweise danach, ob deren Websites oder Onlineshops als „small" (weniger als 100 Seiten), „medium" (zwischen 100 und unter 1500 Seiten), „large" (zwischen 1500 und bis zu 10.000 Seiten) oder „extra large" (bis zu 100.000 Seiten) einzuordnen sind.

- Integrieren Sie KI-basierte Technologien wie zum Beispiel Text-in-Sprache- oder Sprache-in-Text-Umwandlung sowie Sprachübersetzungen in Ihre bestehenden Cloudservices.
- Schließen Sie beispielsweise Partnerschaften mit KI-Tool-Anbietern für die Text-, Bild- oder Videoerstellung.
- Bieten Sie Kunden zum Beispiel zusätzlich alternative Methoden für die physische Bedienung einer Website oder eines Onlineshops durch Sprachsteuerung oder durch eine Steuerung per Augenbewegung.
- Erstellen Sie Angebote für Standard-, Medium- und Premium-Services.
- Schulen Sie Ihre Vertriebs- und Projektmitarbeiter.
- Machen Sie Ihre Kunden frühzeitig auf Ihre besonderen Services aufmerksam.
- Nutzen Sie Ihre Angebote, um potenzielle Kunden anzusprechen.

Strategien

3

Sie können vom BFSG

- **nicht betroffen sein,** weil Sie sich mit Ihren Angeboten weder direkt noch indirekt an Verbraucher wenden.
- **befreit sein,** weil Sie zum Beispiel zu den Kleinstunternehmen zählen.
- **befreit werden,** weil Sie eine der Ausnahmeregelungen für sich in Anspruch nehmen.
- **einfach betroffen sein,** weil Sie unter eine Anforderung fallen.
- **mehrfach betroffen sein,** weil gleich mehrere Kriterien bei Ihnen greifen.

3.1 Grundpfeiler der Barrierefreiheitsstrategie

Nachdem Sie abschätzen können, in welcher Weise Sie vom BFSG betroffen sind, entwickeln Sie – allein oder mit Ihrer BFSG-Taskforce – passend zu Ihrer Unternehmung eine Barrierefreiheitsstrategie. Entscheiden Sie zunächst über die grundlegenden Pfeiler:

- Ob Sie das Ziel verfolgen, die Mindest-Barrierefreiheitsanforderungen zu erfüllen oder auch neue Kunden zu gewinnen.
- Ob und wie Sie die Barrierefreiheitsanforderungen in Ihre Unternehmens-DNA, Ihren Purpose, Ihr Selbstverständnis, Ihr Corporate Design aufnehmen.
- Ob und wie Sie intern oder extern zu Ihrer Haltung kommunizieren wollen.
- Ob und welche Anforderungen Sie entweder mit dem geringstmöglichen Aufwand realisieren oder mit der höchstmöglichen Qualität umsetzen.

G. Horcher, *Barrierefrei und nutzerzentriert kommunizieren*,
https://doi.org/10.1007/978-3-658-48520-7_3

- Ob Sie zu den Early Birds gehören, die rechtzeitig – möglichst noch vor dem Stichtag – die Anforderungen umsetzen, oder ob Sie es zur Not darauf anlegen wollen, verklagt zu werden.
- Ob Sie die Umsetzung mit internen Ressourcen bewältigen oder ob Sie externe Berater, Dienstleister und Service-Anbieter hinzuziehen.

3.2 Szenarien und Strategien

Hier finden Sie einige Szenarien und Strategien, denen Sie sich gegebenenfalls zugehörig fühlen und aus denen Sie vielleicht mögliche Strategien für sich ableiten können – in Reihenfolge der Betroffenheit.

3.2.1 (IT-)Dienstleister mit Kundenbereich

Sie sind ein IT-Dienstleister. Sie wenden sich mit den Dienstleistungen nicht an Verbraucher, sondern an Unternehmen. Sie haben keinen Onlineshop. Aber Sie nutzen Ihre Website intensiv zur Anbahnung von Geschäften und zur Kundenbindung. Zum Beispiel können Interessenten kostenfrei – gegen Daten – nutzwertige Contents wie E- oder Workbooks herunterladen oder sich auch Videos ansehen. Diese Wissensinteressierten wollen Sie zu Neukunden entwickeln. Interessierte können sich für einen Newsletter oder auch für kommende Webinare anmelden. Außerdem kann sich jeder Kunde auf Ihrer Website in seinen Kundenbereich einloggen, um den aktuellen Stand von Aufträgen einzusehen, bei Problemen ein Ticket für den Support zu eröffnen oder die Rechnungen herunterzuladen.

Sie sind – trotz aller Aktivitäten und Interaktionen – durch das BFSG Abschn. 1.2 nicht verpflichtet, Ihre Website, den Kundenbereich oder Ihre E-Books barrierefrei zu gestalten.

Aber es steht Ihnen natürlich frei, (einzelne) Maßnahmen für mehr digitale Barrierefreiheit umzusetzen.

Sollten Sie als Dienstleister andere Organisationen bei der Planung und Umsetzung von Barrierefreiheitsprojekten unterstützen, wäre die eigene Barrierefreiheit allerdings ein sehr guter Proof-of-Concept. Sie könnten anhand Ihrer Onlinekommunikation zeigen, wie eine qualitativ hochwertige Umsetzung aussieht – und dass Sie dies können.

3.2.2 Verband (Verein) mit Spendenbutton

Sie sind ein eingetragener Verein. Ihre Mitglieder sind Privatpersonen – also Verbraucher und Verbraucherinnen. Sie finanzieren sich hauptsächlich über Mitgliedsbeiträge. Aber Sie haben auch einen Spendenbutton auf Ihrer Website. Der Spendenbutton ist mit einer Bankdienstleistung verbunden. Damit werden Sie dem BFSG nach zum Leistungserbringer/Leistungsanbieter. Abschn. 1.10.

Allerdings beträgt der Jahresumsatz weniger als 2 Mio. € und Sie haben unter 10 festangestellte Mitarbeitende. (Einen Vollzeitäquivalenzrechner finden Sie zum Beispiel unter https://www.hbz-nrw.de/produkte/bibliotheksstatistik/wissenswertes-und-links/vollzeitaequivalent-rechner-vzae/view). Damit fallen Sie unter die Kleinstunternehmen-Regelung. Abschn. 1.10.2 und 1.8.2. Sie sind also nicht verpflichtet, die Nutzung des Spendenbuttons oder Ihrer Website barrierefrei zu machen.

Gegebenenfalls können Sie aber die Einnahmen über Ihren Spendenbutton durch mehr Barrierefreiheit erhöhen. Überlegen Sie, ob mehr digitale Barrierefreiheit Ihnen, Ihren Mitgliedern oder Unterstützern helfen würde. Oder ob die Herstellung von digitaler Barrierefreiheit gut zu Ihrer Haltung passt. Vielleicht gibt es von Ihrem oder einem anderen Bankdienstleister schon einen barrierefreien Spendenbutton.

3.2.3 (Brillen-)Geschäft mit App und Onlineshop

Sie betreiben ein Brillengeschäft mit einer oder mehreren Filialen. Zusätzlich verkaufen Sie Brillengestelle, Sonnenbrillen und Zubehör über Ihren Webshop. Über eine gemietete App können Ihre Kunden die Brillengestelle sogar virtuell anprobieren. Für eine nahtlose User-Experience sind App und Onlineshop in Ihre Website, die über Leistungen, Team und Standorte informiert, integriert. Vom Jahresumsatz her werden Sie nicht als Kleinstunternehmen eingestuft. Sie müssen als Leistungserbringer/Leistungsanbieter also sowohl die App, den Onlineshop, vertragsrelevante Dokumente und Ihre Website barrierefrei gestalten. Abschn. 1.10.

Da Sie sich aufgrund von Lieferengpässen, Lieferantenwechseln und Fachkräftemangel in einer finanziell sehr angespannten Lage befinden, möchten Sie nicht alle Maßnahmen bis zum Stichtag auf einmal durchführen müssen. Sie weisen der Marktüberwachungsbehörde den unternehmensbedrohlichen Sachverhalt nach und lassen sich zunächst befreien. Abschn. 1.10.2 und 1.8.2.

Da Sie sich Ihrer Verantwortung allerdings bewusst sind und auch von einem größeren Markt profitieren wollen, beginnen Sie, in kleinen, verdaubaren Schritten zunächst alle eigenen vertragsrelevanten PDF-Dokumente vorlesbar zu machen. Darüber hinaus bitten Sie Ihre Zulieferer, digitale Flyer, die Sie für die Vertragsanbahnung nutzen, ebenfalls vorlesbar zu erstellen.

Sie machen den Anbieter der App darauf aufmerksam, dass er die Anprobier-App rechtzeitig barrierefrei gestalten muss. Der Anbieter des Onlineshops hat bereits eine BFSG-konforme Version veröffentlicht. Hier müssen Sie Ihre Artikel allerdings teilautomatisiert oder teils auch manuell nachpflegen. Zum Beispiel müssen Sie bei vielen Abbildungen noch die fehlenden Alternativtexte eintragen, damit diese vorgelesen werden können. Außerdem müssen Sie kontrollieren, ob die automatisch erstellen Untertitel der Videos Ihren Qualitätsanforderungen entsprechen.

Diese finalen Anpassungen im Shop sowie Layout-Anpassungen und die Installation einer BFSG-konformen Vorlesefunktion auf der Website planen Sie für das Folgejahr ein. Sie halten die Marktüberwachungsbehörde – proaktiv – über Ihre kontinuierlichen Fortschritte auf dem Laufenden.

3.2.4 Hersteller von Routern (Smartphones, Computern, E-Book-Readern)

Sie stellen Router her. Router fallen unter die Produkte, die dem BFSG nach barrierefrei sein müssen. Abschn. 1.6.1.

Beim Kauf und bei der Installation von Routern müssen Nutzer und Nutzerinnen zurzeit sowohl in der Lage sein, die Bedienungsanleitung zu lesen als auch die unterschiedlichen Schalter und Buchsen sehen zu können. Sie müssen es Nutzern zukünftig über den Einsatz von Hardware- und Softwarelösungen ermöglichen, die Informationen zum Gerät, zur Installation und zum Betrieb hörbar machen. Wenn Sie darüber hinaus Videoanleitungen verwenden, müssen Sie die Videoanleitung untertiteln – am besten gleich in unterschiedlichen Sprachen. Eine weitere – optionale – Verbesserung für die digitale Barrierefreiheit wäre der Einsatz von „Leichter Sprache".

Um digitale Barrierefreiheit nutzerzentriert umzusetzen, lassen Sie sich durch die Normen ISO 9241-210:2019, ISO 9241-20:2021 und ISO 9241-171:2008 leiten, die Ihnen helfen, Barrierefreiheit als zentrales Designprinzip zu verstehen. Abschn. 1.6.6.

Da Sie keinen Zugang zu Seh-, Hör-, kognitiv und motorisch behinderten Menschen haben, nutzen Sie die Persona-Beschreibungen unter Abschn. 4.3.1, 4.4.1, 4.5.1 und 4.6.1.

Ihre Produktstrategie sieht vor, dass bei Ihnen zum Stichtag alle neu produzierten Produkte barrierefrei sind. Die Kosten für die Entwicklung der barrierefreien Produkte geben Sie anfänglich nur mit leicht erhöhten Verkaufspreisen – möglichst unter dem Ihrer Marktbegleiter – weiter. Ihre Verkaufsstrategie sieht außerdem vor, dass Sie die Fachhändler mit Ihren vor dem Stichtag produzierten Bestsellern ausstatten, damit diese beim Verkauf auch eine noch preiswertere Alternative anbieten können.

3.2.5 Telekommunikationsdienstleister

Sie bieten eine Telekommunikationsdienstleistung an, die es Unternehmen ermöglicht, über die Website direkt ein Telefonat mit einem spezifischen Mitarbeiter zu starten. Sie wenden sich mit Ihrer Dienstleistung zwar nicht direkt an Verbraucherinnen und Verbraucher. Aber auf den Webseiten Ihrer Kunden wird die Lösung von Verbrauchern genutzt.

Deshalb fallen Sie als Anbieter einer Telekommunikationsdienstleistung unter die Dienstleistungen, die dem BFSG nach barrierefrei gestaltet werden müssen Abschn. 1.8.1.

Sie müssen die Übertragung von Sprache vom Stichtag an zusätzlich durch Echtzeit-Untertitel lesbar machen. Für laufende Verträge gibt es Übergangsfristen von maximal 5 Jahren, für neue Vertragsabschlüsse ab dem 29. Juni 2025 nicht. Abschn. 1.8.3.

Um Ihre Telekommunikationsdienstleistung nutzerzentriert barrierefrei zu gestalten, lassen Sie sich durch die Normen ISO 9241-210:2019, ISO 9241-20:2021 und ISO 9241-171:2008 leiten, die Ihnen helfen, Barrierefreiheit als zentrales Designprinzip zu verstehen. Abschn. 1.6.6.

Sie haben selbst nur Zugang zu Menschen mit motorischen Einschränkungen. Deshalb lassen Sie sich durch die Nutzung der Persona-Beschreibungen von Seh-, Hör-, kognitiv und motorisch behinderten Menschen für eine noch bessere Lösung inspirieren. Abschn. 4.3.1, 4.4.1, 4.5.1 und 4.6.1.

Ihre Produktstrategie sieht vor, dass Sie Ihre Dienstleistung schon weit vor dem Stichtag barrierefrei anbieten. Sie können damit Bestandskunde, die vor dem Vertragsende wechseln möchten, und auch Neukunden, die vor dem Stichtag bereits die barrierefreie Version einsetzen möchten, einen reduzierten Early-Adopter-Preis anbieten. Der Early-Adopter-Preis liegt zwischen dem Preis für die nicht-barrierefreie Version und der barrierefreien Version. Damit können sich Ihre Kunden nicht nur frühzeitig profilieren, sondern auch nach dem Stichtag sparen. Sie selbst erhalten damit bereits in der Übergangsphase nicht nur mehr Umsatz, sondern auch wertvolles Kundenfeedback, dass Sie bis zum Stichtag für eine noch bessere Unser-Experience umsetzen können.

Sie setzen beide Versionen selbst zum Testen auf Ihrer Website ein (Proof-of-Concept). Sie nutzen das Thema Barrierefreiheit darüber hinaus als zusätzliche Promotion Ihrer Telekommunikationsdienstleistung.

3.2.6 ITK-Reseller mit Onlineshop

Sie sind ein ITK-Händler und verkaufen Smartphones über Ihr Ladengeschäft und Ihren Onlineshop. Darüber hinaus bieten Sie auch Telekommunikationsverträge zu den Smartphones an. BFSG-Konformität ist für Sie also unternehmenskritisch.

Als Händler eines der Produkte Abschn. 1.6.1 gehören Sie zu den Wirtschaftsakteuren, die zukünftig dafür Sorge tragen müssen, dass alle Produkte, die Sie verkaufen und die nach dem Stichtag 28. Juni 2025 produziert wurden, den Anforderungen des BFSG entsprechen.

Als Vertragspartner Abschn. 1.9 einer unter das BFSG fallenden Dienstleistung Abschn. 1.8.1 müssen Sie auch dafür Sorge tragen, dass die Dienstleistungen, für die Sie nach dem 28. Juni 2025 neue Verträge abschließen, barrierefrei sind. Und dass die Dienstleistungen für laufende Verträge spätestens bis 2030 umgestellt werden.

Verbraucher und Verbraucherinnen können zudem sowohl Produkte als auch Verträge zu Dienstleistungen über Ihren Onlineshop kaufen oder abschließen. Dann zählen Sie zusätzlich zu den sogenannten Leistungserbringern/Leistungsanbietern. Abschn. 1.10.1. Sie müssen also den Onlineshop, vertragsrelevante Dokumente und Ihre Website barrierefrei gestalten. Abschn. 1.10.

Sie verständigen sich rechtzeitig mit Ihren Lieferanten Abschn. 1.7.2 und Vertragspartnern Abschn. 1.9.2. Sie erarbeiten gemeinsam mit Lieferanten und Vertragspartnern sowohl passende Verkaufs- als auch Vertriebsstrategien für die Zeit vor und nach dem Stichtag. Sie planen Ihre Kommunikation im Vorfeld und schulen Ihr Personal.

Darüber hinaus organisieren Sie eine Kontrollinstanz oder einen Verantwortlichen: Sie bereiten sich darauf vor, dass es bei Ihnen Undercover-Einkäufe und/ oder -Vertragsabschlüsse geben könnte. Sie führen gegebenenfalls bei sich selbst sogar Undercover-Einkäufe oder -Abschlüsse durch, um Schwachstellen aufzudecken und so Bußgelder zu vermeiden.

Die Anpassungen an Ihrem Onlineshop-System bewerkstelligen Sie mit internen und externen Dienstleistern.

3.3 Branchenspezifische Herausforderungen

Hier finden Sie spezifische Herausforderungen und Hinweise für Branchen, die mehrfach betroffen sind – in alphabetischer Reihenfolge.

3.3.1 Branche Energieversorger

Die Branche Energieversorger umfasst Unternehmen, die die Erzeugung, Verteilung und Bereitstellung von Energie für Haushalte, Unternehmen und öffentliche Einrichtungen sicherstellen. Dazu gehören Strom-, Gas- und Fernwärmeanbieter sowie Netzbetreiber und Unternehmen im Bereich erneuerbare Energien.

Es ist davon auszugehen, dass Energieversorger nicht unter die Ausnahmeregelung der Kleinstunternehmen fallen.

Energieversorger, die sich an Verbraucher wenden, sind häufig von mehreren Anforderungen zur Herstellung von digitaler Barrierefreiheit betroffen. Sie können unter die folgenden Regelungen fallen:

- **Produkte:** beispielsweise Smartphones, Tablets, E-Reader
- **Dienstleistungen:** beispielsweise Telekommunikationsdienstleistung
- **Leistungserbringer/Leistungsanbieter:** zum Beispiel Apps, Onlineshops, Webseiten, Bildbeschreibungen und PDFs

3.3.1.1 Produkte

Energieversorger fallen gegebenenfalls unter die Regelungen für Produkte, wenn sie zum Beispiel die Abgabe von Smartphones, Tablets oder E-Book-Readern mit einem Vertragsabschluss koppeln. Dann müssen Energieversorger dafür sorgen, dass die Produkte barrierefrei sind, wenn sie nach dem Stichtag hergestellt wurden. Ansonsten darf das Produkt nicht an Verbraucher ausgehändigt werden – auch wenn die Produkte quasi kostenfrei in einem Vertragsbundle abgegeben werden.

Wenn die Produkte nicht barrierefrei sind, müssen sie vom Energieversorger zurückgenommen oder zurückgerufen werden. Die Energieversorger sind darüber hinaus dazu verpflichtet, den Produkthersteller sowie die Marktüberwachungsbehörde zu informieren. Mehr finden Sie unter Abschn. 1.7.1.

3.3.1.2 Dienstleistungen

Wenn ein Energieversorger zusätzlich auch Netzbetreiber ist, werden Verbrauchern vielleicht auch Internet-, Messenger- oder Telekommunikationsdienstleistungen angeboten. Bei Verträgen, die nach dem Stichtag geschlossen werden, müssen diese Dienstleistungen sofort barrierefrei sein, sonst verlieren die Verträge ihre Gültigkeit. Verträge, die vorher geschlossen wurden, müssen spätestens zum 28.06.2030 barrierefrei gemacht werden. Abschn. 1.8.1 und 1.8.3.

3.3.1.3 Leistungserbringer/Leistungsanbieter

Darüber hinaus gelten für viele Energieversorger alle Regelungen für sogenannte Leistungserbringer/Leistungsanbieter. Abschn. 1.10.

Energieversorger nutzen häufig innovative Kommunikationslösungen, um Verbraucher von ihren Vorzügen zu überzeugen, zum Beispiel bei der Nutzung von Apps. Für die Erstellung eines spezifischen Angebots für Verbraucher werden häufig Apps wie beispielsweise Energie- oder Tarif-Rechner eingesetzt. Zusätzlich werden auch Gewinnspiel-Apps genutzt. Diese Apps müssen nach dem Stichtag sofort barrierefrei sein, sonst dürfen sie nicht mehr genutzt werden.

Energieversorger verkaufen zum Teil auch über einen Onlineshop Promo- oder Fanartikel an Verbraucher. Der Onlineshop sowie der gesamte Checkout-Prozess – zum Beispiel auch Vertragsdokumente als PDF – müssen barrierefrei sein.

Auf Webseiten/Plattformen von Energieversorgen können ebenfalls häufig vertragsrelevante Änderungen im Kundenbereich vorgenommen werden. Zum Beispiel wenn ein Umzug ansteht, ein Tarifwechsel oder eine Kündigung gewünscht werden. Dann muss auch die Website barrierefrei gemacht werden. Dazu gehören auch die alternativen Bildbeschreibungen.

3.3.1.4 Die besondere Herausforderung

Energieversorger müssen sich gegebenenfalls mit allen Barrierefreiheitsanforderungen für Produkte, Dienstleistungen und Leistungserbringer auseinandersetzen, diese beachten oder sie rechtzeitig umsetzen.

3.3.2 Branche Finanzdienstleister

Die Branche Finanzdienstleister umfasst Unternehmen, die finanzielle Produkte und Dienstleistungen anbieten. Dazu gehören Banken, Versicherungen,

Investmentgesellschaften, Zahlungsdienstleister und FinTechs. Sie ermöglichen Kapitalanlagen, Kredite, Zahlungsabwicklungen, Versicherungen und andere finanzielle Transaktionen für Privat- und Geschäftskunden.

Es ist in der Regel davon auszugehen, dass Finanzdienstleiter nicht unter die Ausnahmeregelung der Kleinstunternehmen fallen.

Finanzdienstleister, die sich an Verbraucher wenden, sind häufig von mehreren Anforderungen zur Herstellung von digitaler Barrierefreiheit betroffen. Sie können unter die folgenden Regelungen fallen:

- **Produkte:** beispielsweise Smartphones, Tablets, E-Reader
- **Dienstleistungen:** Bankendienstleistung
- **Leistungserbringer/Leistungsanbieter:** zum Beispiel Apps, Onlineshops, Webseiten, Bildbeschreibungen und PDFs

3.3.2.1 Produkte

Finanzdienstleister fallen gegebenenfalls unter die Regelungen für Produkte, wenn sie zum Beispiel die Abgabe von Smartphones, Tablets oder E-Book-Readern an einen Vertragsabschluss koppeln. Dann müssen Finanzdienstleister dafür sorgen, dass die Produkte barrierefrei sind, wenn sie nach dem Stichtag hergestellt wurden. Ansonsten darf das Produkt nicht an Verbraucher ausgehändigt werden, auch wenn Sie quasi kostenfrei abgegeben werden.

Wenn die Produkte nicht barrierefrei sind, müssen sie vom Finanzdienstleister zurückgenommen oder zurückgerufen werden. Finanzdienstleister sind darüber hinaus dazu verpflichtet, Produkthersteller und Marktüberwachungsbehörde zu informieren. Mehr finden Sie unter Abschn. 1.7.1.

3.3.2.2 Dienstleistungen

Finanzdienstleister bieten eigene Finanzprodukte Abschn. 1.8.1 und häufig auch Produkte von anderen Finanzdienstleistern an, die nach dem Stichtag online barrierefrei zugänglich sein müssen. Bei Verträgen, die nach dem Stichtag geschlossen werden, müssen diese Dienstleistungen sofort barrierefrei sein, sonst verlieren die Verträge ihre Gültigkeit. Verträge, die vorher geschlossen wurden, müssen spätestens zum 28.06.2030 barrierefrei gemacht werden. Auch bei Fremdprodukten muss der Finanzdienstleister dafür Sorge tragen, dass diese barrierefrei zugänglich sind beziehungsweise gemacht werden. Abschn. 1.1.9.

3.3.2.3 Leistungserbringer/Leistungsanbieter

Darüber hinaus gelten für viele Finanzdienstleister alle Regelungen für sogenannte Leistungserbringer/Leistungsanbieter. Abschn. 1.10.

Zum Beispiel bei der Nutzung von Apps für die Errechnung von zu erwartenden Erträgen. Zusätzlich werden vielleicht Weihnachtskalender- oder Gewinnspiel-Apps angeboten. Diese Apps müssen nach dem Stichtag barrierefrei sein.

Über die Website von Finanzdienstleistern loggen sich Verbraucher und Verbraucherinnen in ihr Online-Banking oder einen Kundenbereich ein. Hier können Verträge eingesehen und häufig auch vertragsrelevante Änderungen vorgenommen werden. Zum Beispiel die Änderung von monatlichen Zahlungen, Zahlungspausen etc. Damit müssen auch vertragsrelevante PDF-Dokumente barrierefrei gemacht werden.

Gibt es keinen separaten Zugang zum Kundenbereich, ist auch die Corporate-Website des Finanzdienstleisters barrierefrei zu gestalten.

3.3.2.4 Die besondere Herausforderung

Finanzdienstleister müssen sich gegebenenfalls mit allen Barrierefreiheitsanforderungen für Produkte, Dienstleistungen und Leistungserbringern auseinandersetzen, diese beachten oder rechtzeitig umsetzen. Darüber hinaus ist für Finanzdienstleister die Herausforderung bei der Herstellung von Barrierefreiheit gekoppelt an die Anzahl der unterschiedlichen Finanzprodukte (Dienstleistungen), die sie anbieten. Denn der Kundenzugang muss zum Stichtag oder spätestens nach Ablauf der Übergangsfrist barrierefrei sein.

3.3.3 Branche Handel

Die Branche Handel umfasst Unternehmen, die Waren und Dienstleistungen beschaffen, lagern und an Endkunden oder andere Unternehmen verkaufen. Sie unterteilt sich in Einzelhandel (Verkauf an Verbraucherinnen und Verbraucher) und Großhandel (Vertrieb an gewerbliche Kunden und Kundinnen) und umfasst sowohl stationäre Geschäfte als auch den Online-Handel.

Händler, die sich an Verbraucher wenden, können ebenfalls in besonderem Maße von den Anforderungen an digitale Barrierefreiheit betroffen sein. Händler können unter die folgenden Regelungen fallen:

- **Produkte:** beispielsweise Laptops, Computer, Smartphones, Tablets, E-Reader, Router
- **Dienstleistungen:** zum Beispiel E-Books, Telekommunikations- oder Bankdienstleistung

- **Leistungserbringer/Leistungsanbieter:** zum Beispiel Apps, Onlineshops, Webseiten, Bildbeschreibungen und PDFs

3.3.3.1 Produkte

Händler fallen gegebenenfalls unter die Regelungen für Produkte, wenn Sie zum Beispiel Produkte verkaufen, die unter das BFSG fallen. Dann müssen Händler dafür sorgen, dass die Produkte barrierefrei sind, wenn sie nach dem Stichtag hergestellt wurden. Ansonsten darf das Produkt nicht an Verbraucher verkauft werden.

Wenn die Produkte nicht barrierefrei sind, müssen sie vom Händler zurückgenommen oder zurückgerufen werden. Die Händler sind darüber hinaus dazu verpflichtet, Produkthersteller und Marktüberwachungsbehörde zu informieren. Mehr finden Sie unter Abschn. 1.7.1.

3.3.3.2 Dienstleistungen

Wenn ein Händler darüber hinaus E-Books, Telekommunikationsverträge oder Finanzprodukte verkauft, gehört er zu den Anbietern von Dienstleistungen, die dafür Sorge tragen müssen, dass ihre Dienstleistungen barrierefrei sind oder fristgerecht barrierefrei gemacht werden. Ansonsten dürfen die Dienstleistungen nicht mehr verkauft werden – neu geschlossene Verträge haben keine Gültigkeit Abschn. 1.8 und 1.9.

3.3.3.3 Leistungserbringer/Leistungsanbieter

Darüber hinaus gelten für viele Händler alle Regelungen für sogenannte Leistungserbringer/Leistungsanbieter. Abschn. 1.10.

Zum Beispiel bei der Nutzung von Apps. Waren können zum Beispiel häufig über Apps bewertet werden. Gegebenenfalls werden Gewinnspiel-Apps angeboten. Diese Apps müssen nach dem Stichtag barrierefrei sein.

Viele Händler haben zusätzlich zum stationären Handel einen Onlineshop über den Waren und Dienstleistungen gekauft werden können. Der Onlineshop sowie der gesamte Checkout-Prozess – zum Beispiel auch Vertragsdokument als PDF – müssen barrierefrei sein.

Auf Webseiten können ebenfalls häufig vertragsrelevante Änderungen im Kundenbereich vorgenommen werden, so lassen sich zum Beispiel eine Retoure oder Neubestellung aus der Verkaufshistorie initiieren, Bonuspunkte einsehen und einlösen, Neukunden werben etc. Dann muss auch diese Website barrierefrei gestaltet werden, einschließlich alternativer Bildbeschreibungen.

3.3.3.4 Die besondere Herausforderung

Händler müssen sich gegebenenfalls mit allen Barrierefreiheitsanforderungen an Produkte, Dienstleistungen und Leistungserbringer auseinandersetzen, sie beachten oder rechtzeitig umsetzen. Darum kann für Händler kann die Herstellung von Barrierefreiheit ein umfangreiches Projekt sein – besonders wenn viele Produkte und Dienstleistungen, die unter das BFSG fallen, verkauft werden und/oder viel Bild- und Videomaterial genutzt wird.

3.3.4 Branche Verlage

Die Branche Verlage umfasst Unternehmen, die Inhalte wie Bücher, Zeitungen, Zeitschriften und digitale Medien produzieren, bearbeiten, vermarkten und verbreiten. Sie deckt verschiedene Bereiche ab, darunter Literatur, Wissenschaft, Fachmedien und Unterhaltung, sowohl in gedruckter als auch in digitaler Form.

Es ist zu prüfen, ob ein Verlag unter die Ausnahmeregelung der Kleinstunternehmen fällt.

Verlage, die sich an Verbraucher wenden, sind im besonderen Maße von den Anforderungen an digitale Barrierefreiheit betroffen. Dies Verlage können unter die folgenden Regelungen fallen:

- **Produkte:** beispielsweise Smartphones, Tablets, E-Reader
- **Dienstleistungen:** E-Books
- **Leistungserbringer/Leistungsanbieter:** zum Beispiel Apps, Onlineshops, Webseiten, Bildbeschreibungen und PDFs

3.3.4.1 Produkte

Verlage fallen gegebenenfalls unter die Regelungen für Produkte, wenn sie zum Beispiel die Abgabe von Smartphones, Tablets oder E-Book-Readern mit einem Abonnement koppeln. Dann müssen Verlage dafür sorgen, dass die Produkte barrierefrei sind, wenn sie nach dem Stichtag hergestellt wurden. Ansonsten darf das Produkt nicht an Verbraucherinnen und Verbraucher ausgehändigt werden, auch wenn die Produkte quasi kostenfrei abgegeben werden.

Wenn die Produkte nicht barrierefrei sind, müssen sie vom Verlag zurückgenommen werden und die Marktüberwachungsbehörde ist zu informieren. Mehr finden Sie unter Abschn. 1.7.1.

3.3.4.2 Dienstleistungen

Wenn der Verlag E-Books verkauft, gehört er zu den Anbietern von Dienstleistungen. Abschn. 1.8.

Gemäß BFSG müssen E-Books, die nach dem Stichtag erschienen sind, barrierefrei sein – unabhängig davon, wann gegebenenfalls die Print-Version des Buchs erschienen ist. E-Books, die vor dem Stichtag erschienen sind, müssen nicht rückwirkend barrierefrei gemacht werden.

Dem Thema E-Books hat die Bundesfachstelle Barrierefreiheit ein eigenes FAQ gewidmet. Sie finden es unter https://www.bundesfachstelle-barrierefreiheit.de/DE/Fachwissen/Produkte-und-Dienstleistungen/Barrierefreiheitsstaerkungsgesetz/FAQ-E-Books/faq-e-book_node.html.

3.3.4.3 Leistungserbringer/Leistungsanbieter

Darüber hinaus gelten für viele Verlage alle Regelungen für sogenannte Leistungserbringer/Leistungsanbieter. Abschn. 1.10.

Zum Beispiel bei der Nutzung von Apps. Viele Online-Publikationen für Smartphones und Tablets basieren auf Apps. Zusätzlich werden vielleicht Weihnachtskalender- oder Gewinnspiel-Apps angeboten. Diese Apps müssen nach dem Stichtag barrierefrei sein.

Die Website von Verlagen liegt zudem häufig hinter einer Paywall. Hier muss sich der Nutzer entscheiden, ob er die Informationen mit Werbung erhalten möchte oder ob er sie ohne Werbung will und dafür ein Abo abschließt. Schon diese Auswahl kommt einem Vertragsabschluss mit dem Verlag gleich und muss bereits barrierefrei sein – das heißt vorgelesen werden.

Bei vielen Verlagen können Einzelkäufe oder Abos über einen Onlineshops abgeschlossen werden. Der Onlineshop sowie der gesamte Checkout-Prozess – zum Beispiel auch Vertragsdokumente als PDF – müssen barrierefrei sein.

Auf Webseiten können ebenfalls häufig vertragsrelevante Änderungen im Kundenbereich vorgenommen werden, zum Beispiel wann die Zustellung einer Zeitung wegen Urlaubs ausgesetzt werden soll. Es gibt meist die Möglichkeit, Abonnements zu ändern, zu kündigen oder es zu reklamieren, falls keine Publikation ausgeliefert wurde. Es können gegebenenfalls Anzeigen online aufgegeben werden. Oder es gibt einen Prämien-Shop dafür, dass Leser andere Leser werben. Wenn nur eine dieser Möglichkeiten auf der Website besteht, muss auch die Website barrierefrei gestaltet werden.

3.3.4.4 Die besondere Herausforderung

Verlage müssen sich gegebenenfalls mit allen Barrierefreiheitsanforderungen an Produkte, Dienstleistungen und Leistungserbringer auseinandersetzen, sie beachten oder rechtzeitig umsetzen.

Für Verlage kann damit die Herstellung von Barrierefreiheit ein umfangreiches Projekt sein. Besonders wenn E-Books verkauft werden oder viel Bild- und Videomaterial genutzt wird.

Was allerdings nicht barrierefrei sein muss, sind periodisch erscheinende Publikationen wie zum Beispiel eine Zeitung oder eine Magazin. Hier ist das Gesetz leider nicht konsequent: Der Verkaufsvorgang selbst muss barrierefrei sein, die Zeitschrift, die man erwirbt, allerdings nicht.

3.4 Nutzerzentriertes Denken

Nutzerzentriertes Denken – auch User-Centered Thinking oder User-Centered Design Thinking genannt – ist ein Ansatz, bei dem die Bedürfnisse, Wünsche und Perspektiven der Nutzerinnen und Nutzer im Mittelpunkt aller Überlegungen, Entwicklungen und Entscheidungen einer Organisation stehen. Ziel ist es, Produkte, Dienstleistungen oder auch Prozesse so zu gestalten, dass sie für die Menschen, die sie nutzen, einfach, hilfreich und angenehm sind.

3.4.1 Kernelemente des nutzerzentrierten Denkens

Nutzerzentriertes Denken basiert auf fünf Kernelementen:

- **Empathie entwickeln**
  Interviews, Beobachtungen, Umfragen etc. helfen zu verstehen, wer die Nutzer und Nutzerinnen sind, was sie motiviert, wo sie Probleme haben.
- **Nutzerbedürfnisse erkennen**
  Was brauchen Nutzerinnen und Nutzer wirklich? Wo gibt es Hürden oder Frustrationen? Welche Lösungen würden ihnen einen echten Mehrwert bringen?
- **Iteratives Vorgehen**
  Lösungen werden nicht am Reißbrett perfektioniert, sondern prototypisch entwickelt, getestet und verbessert – mit regelmäßigem Nutzerfeedback.
- **Interdisziplinäres Arbeiten**
  Teams aus verschiedenen Disziplinen zum Beispiel Design, Technik und Marketing arbeiten zusammen, um verschiedene Perspektiven zu integrieren.

- **Fokus auf die tatsächliche Nutzung**
  Die Wirklichkeit des tatsächlichen Nutzerverhaltens ermitteln, statt nur von der Theorie auszugehen.

3.4.2 Standardisierte Barrierefreiheitspersona

Zahlen sagen noch nichts über Menschen, ihre Geschichte und ihre Bedürfnisse aus. Um Produkte, Dienstleistungen und digitale Angebote nutzerzentriert barrierefrei zu gestalten, ist es sinnvoll, mit Menschen zu sprechen, die eine Seh-, Hör-, motorische oder kognitive Behinderung haben.

Wenn Sie nicht auf eine entsprechende Peergroup zurückgreifen können, können Sie auf der Website des World Wide Web Consortium (W3C) erfahren, wie sich die unterschiedlichen Beeinträchtigungen auf die Webnutzung auswirken. Hier sind sogenannte „Accessibility Personas" beschrieben. Es sind Szenarien von und über Menschen mit Behinderungen und wie sie das Web nutzen.[1]

Eine Buyer Persona hilft dabei, Produkte, Dienstleistungen oder Marketingmaßnahmen zielgerichtet und effektiv auf die Bedürfnisse der Zielgruppe auszurichten. Sie ist gleichsam das fiktive Porträt eines Nutzers/einer Nutzerin – basierend auf echten Daten und fundierten Annahmen.

- In den Abschnitten Abschn. 4.3.1, 4.4.1, 4.5.1 und 4.6.1.

finden Sie eine Liste von Accessibility Personas, die Ihnen noch weitere Einblicke in die Bedürfnisse von Menschen mit Behinderungen bieten. Diese Einblicke können Ihnen helfen, Ihre Barrierefreiheitsstrategie zu finden und nutzerzentriert umzusetzen.

3.5 Wie kann man eine Behinderung begreifen?

Wer selbst keine Einschränkung hat, dem fällt es häufig schwer, sich die Auswirkungen einer Behinderung vorzustellen. Denn es ist ein großer Unterschied gegenüber der Realität von Behinderten, wenn wir eine Behinderung – wie nicht sehen, nicht hören, sich nicht bewegen oder sich nicht konzentrieren zu können –

[1] https://www.w3.org/WAI/people-use-web/user-stories/

kurzfristig an uns selbst ausprobieren. Meist ist es noch viel wichtiger, dass wir die Auswirkungen einer Behinderung auf die Psyche eines Menschen verstehen.

Eine ganz persönlicher Erklärungsversuch

„Bevor ich mit Mitte 40 eine Brille brauchte, konnte ich eine Seheinschränkung zwar simulieren, aber ich konnte sie nicht verstehen. Manchmal habe ich mir zum Spaß die Brille meines Mannes aufgesetzt und bemerkt, dass ich dadurch nichts erkennen konnte. Dass ich alles nur verschwommen und verzerrt sehen konnte. Da ich die Brille sofort wieder abgesetzt habe, habe ich mir auch keine weiteren Gedanken darüber gemacht, was diese Einschränkung für meinen Mann bedeutet: etwa dass er sich ohne Brille nicht sicher durch einen Raum bewegen kann, weil er Gegenstände, die im Weg liegen erst viel zu spät erkennt; dass bestimmte Sport- oder Freizeitaktivitäten für ihn unattraktiv sind, weil er dabei keine Brille tragen kann und Kontaktlinsen für ihn nicht funktionieren. So erklärt es sich auch, dass er – obwohl er ein guter Schwimmer ist – nur ganz selten ins Schwimmbad geht. Es ist die gefühlte Unsicherheit, die ihn zurückhält."

„Ich bin selbst durch meine Erkrankung an Multipler Sklerose seit einigen Jahren motorisch eingeschränkt und war zwischenzeitlich sogar auf einen Rollstuhl angewiesen. Heute geht es mir dank einer guten Einstellung mit Medikamenten, einer gesunden Ernährung und regelmäßiger Bewegung wieder viel besser. Ich bewege mich zwar wenig elegant, aber einigermaßen sicher an Stöcken. Wenn ich mit Freunden unterwegs bin oder spazieren gehe, ist es offensichtlich, dass Gehen für mich kein automatischer Vorgang mehr ist. Ich muss mich auf jeden Schritt konzentrieren. Jede Unebenheit auf meinem Wegs ist eine Herausforderung.

Meinen Freunden fällt beim Gehen gar nicht auf, dass alle Gehwege und Straßen zu einer Seite hin abschüssig sind. (Das muss natürlich so sein, damit das Wasser abfließt.) Ihre intakte Sensorik und Muskulatur gleichen diese Unebenheiten automatisch und unmerklich aus. Für jeden, der an Stöcken, mit einem Rollator oder Rollstuhl unterwegs ist, sieht das komplett anders aus. Kleinste Unebenheiten werden zu Hindernissen. Sogar Nässe oder Blätter stellen eine Gefahr dar. Hinzufallen und sich vielleicht an den Händen oder Armen zu verletzen, würde für mich bedeuten, dass ich gar nicht mehr mobil bin. Weil meine Hände und Arme das ausgleichen müssen, was meine Beine nicht mehr können.

Das bedeutet, dass ich mich entweder unsicher fühle, wenn ich mich draußen bewege. Oder dass ich deutlich mehr Aufwand betreiben muss, um mich draußen sicher zu fühlen. Und dass obwohl ich ein lebenslustiger und gar kein ängstlicher Typ bin. Ich bin direkt nach dem Abitur mit dem Motorrad bis nach Marokko gefahren. Ich habe alle Motorboot-Führerscheine und bin mit dem Fallschirm aus einem Flugzeug gesprungen. Ich habe eine Kommunikationsagentur gegründet und mich nach 22 Jahren – trotz Beeinträchtigung – wieder in die Solo-Selbständigkeit gestürzt. Ängstlich bin ich nicht, aber ich musste lernen, mit meiner latenten Unsicherheit umzugehen.

Ich habe mich beispielsweise sehr darüber geärgert, wenn jemand keine Rücksicht genommen hat: Jogger, Fahrradfahrer oder auch Autos, denen ich nicht schnell genug aus dem Weg gehen konnte. Oder das andere Extrem: Wenn Menschen helfen wollen und dabei übergriffig wurden. Es ist mir schon passiert, dass ich mit dem Rollstuhl eine Steigung überwinden musste und mich dann jemand – ungefragt – einfach nach oben schiebt. Hilfe anzubieten ist sehr freundlich, einfach zu agieren, ohne Not, ist allerdings übergriffig. Selbstbestimmung, etwas alleine zu schaffen, ist für mich ein sehr hohes Gut!

Ich unterstelle niemandem Ignoranz gegenüber einer Behinderung. Es ist viel eher die Unfähigkeit, sich die psychischen Auswirkungen einer Behinderung in einer bestimmten Situation vorstellen zu können. Menschen mit Behinderungen bewegen sich in einer Range von leichter Unsicherheit bis hin zu Todesangst – von dem Wunsch nach Selbstbestimmtheit bis zur Notwendigkeit, Hilfe zu erbitten und anzunehmen. Das ist für jeden Menschen und in jeder Situation individuell. Hier besteht – wie bei allen anderen Konflikten auch – ein Informationsdefizit. Und Informationsdefizite lassen sich nur durch Kommunikation ausgleichen.

Ich war früher häufig im Wald unterwegs. Der Weg zum Wald führte über eine Brücke, die über eine stark befahrene Autobahn verlief. Es ist eine Straße für Anwohner und Forstbetrieb, die keinen Bürgersteig hat. Also müssen sich alle die Brücke teilen. Leider ist es durch die Autobahn so laut, dass man als Fußgänger ein heranfahrendes Auto hinter sich nicht hören kann. Im Auto ist der Lärm der Autobahn aber wiederum nicht wahrzunehmen. Die Autofahrer gehen also davon aus, dass die Fußgänger sie aus Böswilligkeit ignorieren. Sie fahren mitunter dicht auf und hupen erbost.

Was ich dann oft versucht habe, ist, den Autofahrer zu bitten, seine Scheibe herunterzulassen und selbst zu hören, dass sein Auto in dieser Situation nicht zu hören war. Doch leider sind nicht alle zu solch einem Informationsaustausch bereit."

„Wenn ich drei Wünsche an Menschen mit und ohne Einschränkungen frei hätte:

- Menschen sollten Fragen stellen, anstatt Annahmen über den anderen zu treffen.
- Menschen sollten zuhören, ohne gleich Ratschläge zu geben oder zu bewerten.
- Menschen sollten Mitleid vermeiden, den anderen ernst nehmen und respektieren."

▶ **„Seien Sie offen für den Informationsaustausch!"**

Technologien

4

Disclaimer: Keine Schleichwerbung
Nennungen von Unternehmen oder Tools sind keine Empfehlung, sondern stellen Beispiele dar. Die erwähnten Beispiele können nicht den vollständigen Markt abbilden. Es empfiehlt sich, vor der Entscheidung für einen Anbieter oder ein Tool eine aktuelle Marktrecherche durchzuführen. Die Beschreibung von Funktionalitäten ist nicht unveränderlich, sondern stellt bei dem rapiden Fortschritt der Technologien nur eine Momentaufnahme dar.

4.1 Keine Format-Sparsamkeit

Nachdem jedes genutzte Format laut BFSG über einen weiteren Sinneskanal zugänglich gemacht werden muss, könnte eine mögliche Reaktion darin bestehen, nur wenige unterschiedliche Content-Formate einzusetzen. Damit beispielsweise nur Website-Texte zusätzlich vorlesbar gemacht werden müssen, aber nicht auch noch Videobeiträge zu untertiteln sind.

Wollten Sie auf die Vielfalt der Content-Formate verzichten, kann dies zwar den Aufwand für die Umstellung minimieren, aber aus Sicht Ihrer Unternehmens- und Kommunikationsziele ist dies nicht zu empfehlen.

Unterschiedliche Formate bieten mehr Touchpoints
Es ist ein Vorteil, wenn Content in unterschiedlichen Formaten verfügbar ist, etwa durch die Umwandlung von Text in Sprache, Sprache in Text oder das Übersetzen in andere Sprachen. Denn was passiert mit einer Information, die bei der heutigen Informationsflut von einer Zielperson nur einmal erfasst wird? Vermutlich nichts. Studien gehen heute von sechs Kontaktpunkten – Touchpoints – aus, bevor wir ein Thema überhaupt richtig ernst nehmen.

Und es benötigt sogar durchschnittlich elf Touchpoints, bevor eine Aktion erfolgt. In der Kommunikation mit (potenziellen) Kunden, Mitarbeitenden, Partnern und Investoren können wir die Botschaft nicht einfach sechs- bis elfmal über den gleichen Kanal im

G. Horcher, *Barrierefrei und nutzerzentriert kommunizieren*,
https://doi.org/10.1007/978-3-658-48520-7_4

gleichen Format wiederholen. Dadurch erreichen wir nur, dass uns die Person über diesen Kanal keine Aufmerksamkeit mehr schenkt oder uns sogar ein Opt-out schickt.

Zielpersonen reagieren deutlich besser darauf, wenn individuelle Informationen sie mehrmals über unterschiedliche Touchpoints und in verschiedenen Formaten erreichen. Auch dafür brauchen wir unterschiedliche Content-Formate, wie sie für digitale Barrierefreiheit gefordert sind.

4.2 Einfache Umsetzung durch KI-Services

Die durchgehende Minimalforderung des BFSG, Inhalte über zwei sensorische Kanäle darzustellen, lässt sich mithilfe von Plattform-Allround-Lösungen für Mobile Apps, Internet und Intranet wie zum Beispiel „WebAccess" von DIGIaccess oder „Assist" von Eye-Able leicht umsetzen.

Mit Funktionen wie:

- Designanpassungen: Kontrastmodi, adaptiver Vergrößerung, Farbenblindheitsfiltern
- Screenreader: Text-to-Speech
- Tastaturnavigation
- PDF-Reader

Diese sogenannten Overlay-Lösungen werden beim Einsatz durch öffentliche Stellen allerdings beanstandet oder beim Testen abgeschaltet. Für private Wirtschaftsakteure sind sie aber einsetzbar.

▶ **Multisensorisch oder spezialisiert** Wer seiner Zielgruppe verdeutlichen möchte, dass er sich speziell für die Belange von Menschen mit einer spezifischen Beeinträchtigung engagiert, kann statt einer einzigen multisensorischen Plattform auch spezialisierte Plattformen erstellen. Zum Beispiel einen spezifischen Onlineshop für Menschen mit visuellen Beeinträchtigungen. Oder ein neues digitales Format wie beispielsweise ein Audioverse: eine Welt, die sich Besuchern allein durch das Hören und durch gesprochene Sprache erschließt. Ihrer Fantasie sind keine Grenzen gesetzt!

4.3 Digitale Barrierefreiheit für Sehbeeinträchtigte

Wie viele Einwohner in Deutschland sind sehbehindert?
Über 70.000 Deutsche sind blind.[1] Für etwa 0,4 % der Einwohner und Einwohnerinnen ist es damit nahezu unmöglich, Schrift zu lesen. Insgesamt gelten circa 350.000 Personen als sehbehindert. Da keine Meldepflicht bei Schwerbehinderungen besteht, ist davon auszugehen, dass die reale Anzahl der betroffenen Personen in Deutschland höher liegt.

Ein Mensch gilt als sehbehindert, wenn er auf dem besser sehenden Auge – selbst mit Brille oder Kontaktlinsen – nicht mehr als 30 % von dem sieht, was ein Mensch mit normalem Sehvermögen erkennt. Hochgradig sehbehindert ist, wer nicht mehr als 5 % sieht, und als blind gilt, wer nicht mehr als 2 % sieht.

4.3.1 Accessibility Personas für sehbehinderte Menschen

Diese standardisierten Barrierefreiheits-Personas gibt es:

- **Lakshmi:** Sie ist blind und arbeitet als Buchhalterin.
  https://www.w3.org/WAI/people-use-web/user-stories/story-three/
- **Lexie:** Sie kauft gerne im Internet ein. Sie ist farbenblind und kann bestimmte Farben nicht unterscheiden.
  https://www.w3.org/WAI/people-use-web/user-stories/story-four/
- **Martha:** Sie arbeitet als Marketingassistentin. Sie ist blind und taub.
  https://www.w3.org/WAI/people-use-web/user-stories/story-seven/
- **Elias:** Er ist Rentner mit einer altersbedingten Sehschwäche, Handzittern und leichtem Verlust des Kurzzeitgedächtnisses.
  https://www.w3.org/WAI/people-use-web/user-stories/story-nine/
- **Ashleigh:** Sie ist eine sehbehinderte Screenreader-Nutzerin.
  https://www.gov.uk/government/publications/understanding-disabilities-and-impairments-user-profiles/ashleigh-partially-sighted-screenreader-user
- **Claudia:** Sie ist eine sehbehinderte Benutzerin mit einer Bildschirmlupe.
  https://www.gov.uk/government/publications/understanding-disabilities-and-impairments-user-profiles/claudia-partially-sighted-screen-magnifier-user

[1] https://www.dbsv.org/zahlen-fakten.html

4.3.2 Welche Maßnahmen können Sehbehinderte unterstützten?

Schrift in Sprache umzuwandeln, ist nicht nur für circa 350.000 Menschen mit visuellen Beeinträchtigungen wie Blindheit, Kurzsichtigkeit, Rot/Grün-Schwäche essenziell. Auch für Menschen mit temporären Augenverletzungen und -erkrankungen, wenn man nur die Brille verlegt hat oder die Sonneneinstrahlung eine gute Sicht auf das Display verhindert, ist Text-to-Speech eine großartige Unterstützung. Es ist wichtig, neben Texten und Bildern zusätzlich eine Tonspur zu hören.

In Deutschland kommen sogar noch 6,2 Millionen Menschen dazu, die nicht oder nur unzureichend lesen und schreiben können. Darüber hinaus sind auch Personen, die unterwegs sind – etwa zu Fuß oder im Auto – dank Text-zu-Sprache noch in der Lage, sich weiter mit Ihren Botschaften und Inhalten zu beschäftigen.

4.3.3 Text in Sprache umwandeln

▶ **Text in Sprache umwandeln** Unter Text-to-Speech (TTS, deutsch: Text-zu-Sprache) versteht man die Sprachsynthese: die künstliche Erzeugung einer menschlich klingenden Sprechstimme. Ein Text-to-Speech-System wandelt Fließtext in eine akustische Sprachausgabe.

Die Qualität der künstlich erzeugten Sprechstimmen ist sehr unterschiedlich. Wer als Ergebnis stets eine so brillante Stimme wie zum Beispiel die von Siri erwartet, wird zurzeit noch enttäuscht werden. Siris Stimmen wurden noch von Schauspielern und Schauspielerinnen über das Einsprechen von Textbausteinen erstellt.

Übrigens haben Studien ergeben, dass eine weibliche Stimme weltweit als angenehmer, freundlicher und entspannter wahrgenommen wird.

4.3.4 Erstellen von Audiodateien

Um zum Beispiel einen Blog-Beitrag auch als anklickbare Audiodatei zur Verfügung zu stellen, kann man diese durch ein Text-to-Speech-System wie zum Beispiel Amazon Polly erstellen lassen. Es stehen für die deutsche Sprache inzwischen mehrere unterschiedliche männliche und weibliche Stimmen zur Verfügung. In anderen TTS-Systemen wie beispielsweise AiVOOV können zusätzlich Dialekte für Österreich und die Schweiz oder sogar Kinderstimmen ausgewählt werden.

Mit der neuesten Generation von Text-to-Speech-Tools lassen sich die sogenannten Voiceover auch gezielt mit Emotionen erstellen. Mit dem Tool Revoicer kann man die Stimme zum Beispiel wütend, fröhlich, traurig, aufgeregt, erschrocken, friedlich, unsympathisch oder hoffnungsvoll klingen lassen. Und die Stimme kann auch schreien oder flüstern.

Mit KI-Tools wie Murf.ai oder Speechify können darüber hinaus eigene Stimmen – per Voice Cloning – synthetisiert und auch Stimmen von Prominenten genutzt werden.

Alle TTR-Systeme lassen sich natürlich auch dazu einsetzen, Audiobooks oder Podcasts zu erstellen. Dabei sollte nur gleich darauf geachtet werden, dass es hierfür auch eine Subtitle-Funktion (SRT) gibt.

Über NotebookLM von Google lassen sich sogar Texte automatisch in einen dialogischen Podcast mit mehreren Stimmen umsetzen, mit virtuellen Personen, die sich quasi unterhalten.

▶ **Texte für Text-to-Speech vorbereiten** Wird ein bestehender Fließtext 1:1 – quick and dirty – in Sprache übertragen, ist das Resultat prinzipiell verständlich. Es führt aber häufig zu irritierenden Elementen, wenn der Text ohne jede Bearbeitung als Audioformat ausgegeben wird. Wer in der Kommunikation Wert auf Qualität legt, wird den Text überarbeiten, um das Text-to-Speech-Ergebnis zu optimieren. Zwar werden die Systeme täglich besser, aber speziell bei Eigennamen, Abkürzungen, Zahlen, E-Mail-Adressen oder auch Anglizismen muss man nacharbeiten, um Hörvergnügen herzustellen. Bei Abkürzungen hilft es beispielsweise, die Buchstaben mit einem Leerzeichen voneinander getrennt darzustellen. Bei Eigennamen muss man zur Not auf eine phonetische Schreibweise zurückgreifen; Zahlen und Sonderzeichen wie etwa Punkte und Bindestriche bei E-Mail-Adressen sollte man besser gleich ausschreiben. Auch das Einfügen von Satzzeichen – auch wenn diese grammatisch nicht korrekt sind – kann helfen, um auf das Satztempo Einfluss zu nehmen. Wer es besonders gut machen will, verzichtet zudem auf Formulierungen, die auf visuelle Wahrnehmung anspielen wie zum Beispiel: Wie sie sehen … oder … hier lesen Sie ….

▶ **Aus Text Videos erstellen** Wer sich die Mühe macht, Texte für die Umsetzung in Sprache qualitativ anzupassen, kann diese Texte auch dafür nutzen, um mithilfe eines KI-Video-Generators wie zum Beispiel Synthesia.io oder HeyGen ein Video (inklusive Untertitel) zu erstellen. Um sogenannte Avatare zu generieren, wurden Schauspieler dafür vorab vor einer 4K-Kamera gefilmt. Dank der so erfassten Videodaten kann der Avatar beliebige Texte sprechen – was auch immer der Anwender braucht und vorgibt. Unternehmen können sich sogar einen Custom-Avatar erstellen, einen persönlichen Avatar mit eigener Stimme.

4.3.5 Vorlesefunktionen für Apps, Onlineshops oder Websites

Für die Umsetzung digitaler Barrierefreiheit ist allerdings eine Audio-Datei nicht ausreichend – explizit gefordert ist eine Vorlesefunktion.

Bei Verlagen kann man sich heute schon einzelne vorgefertigte Beiträge über das Anklicken einer Audio-Datei vorlesen lassen. Das erfüllt allerdings noch nicht die Anforderung des BFSG. Denn ein sehbeeinträchtigter Mensch kann nicht sehen, wo er klicken muss. Deshalb ist hier der Einsatz eines integrierten Screenreaders gefordert, der die App, den Onlineshop oder die Website vorliest.

Bei einem Web- oder Screenreader, auch Vorlese-Anwendung genannt, wird keine Audio-Datei vorab erstellt, sondern der Text, der auf der Website steht, wird ad hoc vorgelesen. Während ein Webreader nur die Inhalte der Website vorliest, fungiert eine Screenreader-Software wie die von ReadSpeaker als eine alternative Benutzerschnittstelle. Denn auch die Menü- und Bedienelemente werden dabei mittels Sprachsynthese akustisch oder sogar taktil über eine Braillezeile wiedergegeben. Dies kann zum Beispiel der quelloffene Screenreader Nonvisual Desktop Access (NVDA).

▶ **Screenreader lesen Code, nicht Text** Ein Screenreader liest den Quellcode einer Website aus. Damit der Screenreader gut funktioniert, müssen im Quellcode die Design-Attribute der Website deutlich vom Content – ihren Inhalten – getrennt sein. Sobald Text in Form einer Grafik auf der Website gezeigt wird, wird er nur dann vorgelesen, wenn zur Grafik einen Alternativ-Text im Web-Content-Management-System (WCMS) eingegeben wurde.

> **Synthetische Corporate-Stimme oder Voice Cloning?** Inzwischen sind nicht nur die Basis-Stimmen der Screenreader deutlich besser geworden. Es gibt beispielsweise bei ReadSpeaker auch die Möglichkeit, eine Stimme mit einem bestimmten Dialekt, in einem bestimmten Stil oder von einer bestimmten Persönlichkeit kommunizieren zu lassen. Dazu wird entweder eine individuelle, synthetische Corporate Stimme entwickelt. Oder es wird die Stimme eines bestimmten Menschen – zum Beispiel die der Geschäftsleitung – geklont. Dies kann das Vorlesen von Texten durch einen Screenreader auch zu einem Markenerlebnis machen.

4.3.6 Bildbeschreibungen vorlesbar machen

Die unternehmensinterne Nomenklatur des Titels eines Bildes macht es für den Bearbeiter einfacher, das richtige Bild am richtigen Ort zu veröffentlichen. Diese Nomenklatur ist darüber hinaus für SEO wichtig. Für Websitebesucher und -besucherinnen ist dieser Titel aber nicht immer aussagekräftig.

Der sogenannte „Alternative Text" eines Bildes wird Nutzern zum einen angezeigt, wenn sie mit der Maus über das Bild fahren und zum anderen durch Assistenztechnologien wie zum Beispiel einem Screenreader vorgelesen. Der Alternativtext muss deshalb die Funktion und/oder den Bildinhalt einer Grafik vermitteln.

Sinnvolle Beschreibungen für Fotos, Bilder und Grafiken

- **Verlinkte Grafiken** haben die Funktion, auf eine andere Seite zu verlinken. Der Alt-Text der Grafik nennt dann das Linkziel. Dadurch weiß der Nutzer, wohin der Link führt. Ein typisches Beispiel sind Teaserbilder, die auf einen Artikel verlinken. Im Alt-Text steht dann beispielsweise der Artikelname.
- **Verlinkte Grafiken** können aber auch als Schaltfläche eingesetzt werden. Dann ist es für Sehbeeinträchtigte wichtig, dass der Zweck des Bedienelements vermittelt wird. So weiß der Nutzer, welche Aktion er damit ausführt. Die Textalternative eines Buttons mit einem Play-Symbol sollte deshalb zum Beispiel „Starten des Videos XY" lauten.
- **Informative Fotos, Bilder** oder **Grafiken** vermitteln selbst eine Bildaussage. Sie müssen für Menschen mit Seheinschränkungen unbedingt in den Alternativtext schreiben, was darauf zu sehen ist, um den Inhalt des Bildes (alt = „Beschreibung des Bildinhalts") zu vermitteln.
- Auch **Diagramme** und **Schaubilder** sind informative Grafiken. Sie vermitteln in der Regel sehr viel komplexere Informationen. Wenn diese veranschaulichen, was im Kon-

text beschrieben wird, ist ein kurzer Alt-Text ausreichend. Falls nicht, ist eine ausführlichere Beschreibung der Bildinhalte nötig.

- **Schmuckbilder** sind dekorative Grafiken ohne informative Funktion. Hier braucht nicht unbedingt ein Alternativtext eingesetzt zu werden, denn leere Alt-Attribute werden von Screenreadern einfach übersprungen.

Alt-Tags

Die Ergänzung von Alternativtexten (Alt-Tags) kann – wenn man es nicht schon von Anfang an konsequent gemacht hat – sehr aufwendig sein.

Zunächst muss der Alternativtext erstellt werden.

Die großen Sprachsysteme wie zum Beispiel ChatGPT, Gemini und Claude oder auch die Bildgenerierung-Tools wie Stable Diffusion, Midjourney oder DALL-E bieten alle eine Funktion an, um nach dem Upload eines Bildes eine Bildbeschreibung zu erstellen. Bei der automatischen Erstellung von Bildbeschreibungen sollte allerdings immer noch einmal eine Kontrolle erfolgen, weil zum Beispiel dunklere Inhalte auf einem Bild oft nicht so gut erkannt werden und weil die Bilderkennungsalgorithmen zum Teil noch unter einem Bias leiden.

Nach der Überprüfung muss der Alternativtext in der Bilddatei auf der Website, im Shop oder der App ergänzt und gespeichert werden. Hierbei können zukünftig sogenannte KI-Agenten helfen. Abschn. 6.1.2.5.

KI-Agenten als Shortcut

In den letzten Jahren haben viele Unternehmen unterschiedliche generative KI-Modelle beobachtet, getestet und auch eingesetzt: zum Beispiel KI-Texterstellung, KI-Bildererstellung, KI-Videoerstellung. Je nachdem, was eine KI generieren soll, wird ein spezifischer Algorithmus, Machine Learning oder ein neuronales Netz eingesetzt. So kann eine KI die spezifische Aufgabe schneller erledigen als jeder Mensch. Aber eben nur diese eine spezifische Aufgabe. Für eine andere Aufgabe wird ein anderer spezifischer Algorithmus, Machine Learning oder ein neuronales Netz benötigt. KI-Agenten kombinieren nun unterschiedliche KI-Technologien. So können KI-Agenten eine ganze Reihe von unterschiedlichen Aufgaben in der richtigen Abfolge durchführen.

So können KI-Agenten auch beim Automatisieren von Alternativtexten zum Einsatz kommen. Das KI-Agentensystem von OpenAI namens ChatGPT Operator ist beispielsweise in der Lage, selbstständig einen Browser zu steuern und Aufgaben wie Content-Optimierung, SEO-Anpassungen oder sogar die Pflege von Webseiten zu übernehmen. So kann der KI-Agent sich an der eigenen Website anmelden, eine Bilddatei zu öffnen, einen Alternativtext erstellen, die Bildbeschreibung einfügen, die Datei speichern und dann die nächste Bilddatei öffnen. ChatGPT Operator wird voraussichtlich Mitte 2025 auch in Deutschland verfügbar sein.

Mehr über die Chancen und Herausforderungen von KI-Agenten lesen Sie bitte im Kapitel **Einblicke,** Abschn. 6.1.2.

4.3.7 PDF-Dateien/Vertragsdokumente vorlesen lassen

Werden bei Vertragsanbahnung oder -abschluss mit Endkunden PDF-Dateien eingesetzt, müssen auch diese vorlesbar sein. Dafür kann beispielsweise der docReader von ReadSpeaker auf der Website eingebettet werden.

Checkliste barrierefreie Dokumente

PDFs werden, weil sie plattformunabhängig sind, immer gleich dargestellt. Dafür sind sie etwas aufwendiger in der barrierefreien Gestaltung. Einfache Dokumente, die im Ausgangsprogramm barrierefrei angelegt wurden, können in der Regel problemlos als PDFs exportiert werden. Komplexere Dokumente wie Formulare oder mehrspaltige Layouts müssen gegebenenfalls mit der kostenpflichtigen Acrobat Pro-Version nachbearbeitet werden.

Barrierefreie Formatvorlage gestalten

- Stellen Sie die Dokumentensprache korrekt ein.
- Wählen Sie eine serifenlose Groteskschriftart für eine bessere Lesbarkeit.
- Wählen Sie gut lesbare Schriftgrößen für Texte, Überschriften etc. Das Verhältnis muss für Texte oder Überschriften ab 18 Pt. und fettgesetzte Texte ab 14 Pt. mindestens 3:1 betragen. Für Texte mit kleinerer Schriftgröße muss das Verhältnis mindestens 4,5:1 sein.
- Legen Sie Zeilenabstände fest. Der Abstand für Texte, Überschriften, Listen und Zitate sollte mindestens 1,2 Pt, beziehungsweise 120 % betragen.
- Wählen Sie kontrastreiche Schriftfarben im Verhältnis zum Hintergrund und legen sie diese fest.[2]
- Verwenden Sie als Titelüberschrift die Überschrift 1.
- Stellen Sie einen linksbündigen Flattersatz statt Blocksatz ein. Flattersatz ist besser lesbar.
- Kopf- und Fußzeilen werden vom Screenreader nicht gelesen. Verwenden Sie dort also keine zusätzlichen relevanten, sondern nur redundante Informationen. Literaturangaben oder Fußnoten müssen gegebenenfalls in den Text integriert werden.
- Gestalten Sie neue Dokument ausschließlich über eine barrierefreie Formatvorlage.
- Fügen Sie Spalten nur über den Menüpunkt „Layout“ ein.
- Verwenden Sie Farben nicht als einzigen Informationsträger. Die Information sollte auch noch über Text wahrnehmbar sein.
- Geben Sie Links einen sprechenden Namen, der beispielsweise das Linkziel oder den Inhalt benennt.

Bilder und Grafiken

- Fügen Sie Bilder über den Befehl „mit Text in Zeile“ ein. Der Alternativtext von verankerten Bildern wird über den Befehl „mit Textumbruch“ eingefügt. Der Alt-Tag des Bildes wird an der Stelle des Ankers vorgelesen.

[2] https://www.tpgi.com/color-contrast-checker/

- Geben Sie Alternativtexte für Bilder im Kontextmenü ein. Die automatische Bildbeschreibung des Programms ist nicht ausreichend.
- Kennzeichnen Sie rein dekorative Elemente, die keinen Inhalt transportieren, als „dekorativ“.
- Versehen Sie komplexere (Schau-)Bilder mit einem kurzen Alternativtext der besagt, wo die ausführliche Beschreibung zu finden ist. Die ausführliche Beschreibung fügen Sie über den Befehl „Beschriftung einfügen“ hinzu.
- Für Diagramme bieten die Tabellen des Datenblatts die beste Möglichkeit einer Beschreibung. Wenn es möglich ist, auch die Tabelle zur Verfügung zu stellen, ist das sogar die beste Lösung.
- Grafische Elemente müssen einen Mindestkontrast von 3:1 zum Hintergrund haben.

Dokument prüfen, abspeichern, exportieren

- Prüfen Sie das Dokument auf Barrierefreiheit mit dem programmeigenen automatischen Test unter dem Menüpunkt „Überprüfen“, „Barrierefreiheit überprüfen“.
- Überprüfen Sie zusätzlich zum Beispiel die Qualität von Alternativtexten und Kontrasten manuell.
- Prüfen Sie die korrekte Überschriftenhierarchie, indem Sie sich in der Navigationsansicht die Überschriften einblenden lassen.
- Fügen Sie unter Metadaten den Titel des Dokuments ein.
- Verzichten Sie auf einen Schreibschutz.
- Achten Sie beim PDF-Export darauf, dass in den Einstellungen die Dokumentenstrukturtags für die Barrierefreiheit eingeschlossen sind.

Eine noch detailliertere Checkliste finden Sie unter https://barrierefreiheit.dh.nrw/fileadmin/user_upload/barrierefreiheit/Publikationen/Checkliste_BF_Dokumente.pdf

Checkliste Newsletter barrierefrei machen

Unternehmen sind (noch) nicht verpflichtet, Ihre Newsletter oder automatisierten E-Mail-Kampagnen für Verbraucher und Verbraucherinnen barrierefrei zu gestalten. Wer das Projekt digitale Barrierefreiheit allerdings ernst nimmt, sollte auch hierüber nachdenken.

Technische Voraussetzungen für barrierefreie Newsletter

Die Umsetzung barrierefreier Newsletter stellt besondere Anforderungen an E-Mail-Marketing-Systeme. Einige Lösungen erfüllen diese Anforderungen noch nicht. Die meisten professionellen Marketing-Automation-Systeme bieten jedoch bereits heute die technischen Voraussetzungen durch spezielle Templates und Funktionen.

Strukturierung und Layout als Grundlage

Ein barrierefreier Newsletter beginnt bei der Struktur. Klare Gliederung, logischer Aufbau und übersichtliches Layout sind essenziell. Dazu gehören aussagekräftige Überschriften, sinnvolle Absätze und eine eindeutige Navigationshierarchie. Diese Elemente unterstützen nicht nur Menschen mit Einschränkungen, sondern verbessern die Nutzererfahrung für alle Empfänger. Die wichtigsten Punkte:

- Klare Hierarchie mit aussagekräftigen Überschriften
- Logischer Dokumentenaufbau (H1, H2, H3...)
- Inhalte in logischer Lesereihenfolge
- Ausreichend Weißraum zwischen Elementen
- Vermeidung komplexer Layouts mit mehreren Spalten

Schrift und Formatierung für bessere Lesbarkeit
Die Wahl der richtigen Schrift und Formatierung ist entscheidend. Serifenlose Schriftarten in ausreichender Größe (mindestens 15px) sowie klare Kontraste zwischen Text und Hintergrund sind Pflicht. Der Zeilenabstand sollte etwa 150 % betragen. Besonders wichtig: Informationen dürfen nicht ausschließlich durch Farben vermittelt werden:

- Text linksbündig (kein Blocksatz)
- Keine Großbuchstaben im Fließtext
- Ausreichender Kontrast (mindestens 4,5:1)
- Keine Information ausschließlich durch Farbe vermittelt
- Hervorhebungen sparsam und gezielt eingesetzt

Barrierefreie Sprache im Newsletter
Eine einfache und verständliche Sprache macht Newsletter zugänglicher. Kurze Sätze, aktive Formulierungen und ein klarer Satzbau helfen allen Lesern. Vermeiden Sie Fachjargon und erklären Sie komplexe Begriffe. Die Sprache sollte inklusiv und respektvoll sein:

- Kurze, einfache Sätze (60 bis 70 Zeichen)
- Fremdwörter vermieden oder erklärt
- Fachbegriffe erläutert
- Keine Schachtelsätze
- Hauptsprache des Newsletters angegeben

Umgang mit Bildern und Multimedia
Visuelle Elemente müssen mit aussagekräftigen Alternativtexten versehen werden. Diese ermöglichen Screenreadern, den Inhalt korrekt wiederzugeben. Bei Videos sind Untertitel oder Transkripte erforderlich. Wichtige Informationen sollten nie ausschließlich in Bildern oder Grafiken enthalten sein:

- Keine reinen Bildtexte (außer Logos)
- Ausreichende Kontraste in Grafiken
- Keine schnell bewegten Bilder oder Animationen
- Untertitel/Transkripte für Videos
- Keine automatisch abspielenden Medien

Barrierefreie Call-to-Action-Elemente

Buttons und Links erfordern besondere Aufmerksamkeit. Sie müssen gut sichtbar, ausreichend groß (mindestens 44 × 44 Pixel) und mit sprechenden Linktexten versehen sein. „Hier klicken" reicht nicht – der Zweck des Links muss aus dem Text hervorgehen:

- Buttons mindestens 44 × 44 Pixel groß
- Sprechende Linktexte (nicht „hier klicken")
- Ausreichender Kontrast bei Buttons (3:1)
- Links zusätzlich unterstrichen
- Buttons nicht als Bilder umgesetzt

Testen und optimieren

Regelmäßige Tests sind unerlässlich. Nutzen Sie Screenreader, Kontrast-Checker und andere Prüftools. Noch wichtiger: Holen Sie Feedback von Menschen mit verschiedenen Einschränkungen ein. Nur so können Sie sicherstellen, dass Ihre Newsletter wirklich barrierefrei sind.

Mehr Informationen und die komplette Checkliste gibt es im Blog unter https://federkielandfriends.de/barrierefreie-newsletter.

Sprachbarrieren überwinden

Eine der größten Herausforderungen in der Kommunikation – die vom BFSG allerdings nicht thematisiert wird – ist die Sprachbarriere. Automatisierte Übersetzungen helfen, Fremdsprachbarrieren zu überwinden:

- Dabei lassen sich zum Beispiel über DeepL eingegebene Texte und ganze Dokumente einfach automatisiert übersetzen.
- Google Translate kann darüber hinaus Texte innerhalb eines Bildes oder sogar ganze Websites (anhand ihrer Internetadresse) in über 120 Sprachen übersetzen.
- Untertitel von Videos lassen sich über YouTube automatisch in circa 100 Sprachen übersetzen.
- Live-Untertitel bei Meetings und Events, durchgeführt mit Teams, Zoom & Co., können zurzeit in circa 50 Sprachen übersetzt werden.
- Bei bestehenden Video-, Audiodateien oder Podcasts können über Multilingual-Plattformen wie zum Beispiel Alugha zusätzliche Tonspuren in über 250 Sprachen erstellt und hinzugefügt werden.
- Über Text-to-Speech-Lösungen wie zum Beispiel den ReadSpeaker lassen sich Texte erst in eine ausgewählte Sprache übersetzen und dann vorlesen.
- Und Lösungen wie HeyGen können Übersetzungen von Videos lippensynchron umsetzen.

4.3.8 Multimodale große Sprachmodelle im Einsatz für Menschen mit Sehbeeinträchtigungen

Die multimodalen großen Sprachmodelle (MLLMs), mit denen Anwender und Anwenderinnen inzwischen nicht nur über Texteingabe chatten, sondern auch über Spracheingabe kommunizieren können, sind für Produkte, Dienstleistungen, Apps, Onlineshops, Dokumente und Webseiten geeignet.

Wenn ein solches System mit den Inhalten einer Website oder eines E-Books trainiert wird, können Nutzer und Nutzerinnen ihre individuelle Fragen in ihrer eigenen und natürlichen Sprache auch mündlich stellen und erhalten die Antwort ebenfalls in Sprachform. Damit müssen sie sich nicht durch eine Website navigieren, um zur gewünschten Information zu kommen. Mehr finden Sie im Kapitel **Ein- und Ausblicke,** Abschn. 6.1.1.

4.3.9 Summary: Text in Sprache umwandeln

Die visuelle Beeinträchtigung behindert Nutzer und Nutzerinnen von Produkten, Dienstleistungen, Apps, Onlineshops, Websites oder Social Media sehr stark. Für Menschen mit einer Sehbehinderung sind sowohl die Content-Formate Text, Bild, Video, Online- und Live-Event als auch die Navigation und Bedienung eine Herausforderung.

Hierfür gibt es eine Vielzahl an KI-Technologien, die (teil-)automatisierte Lösungen anbieten. Für die Erfüllung der Barrierefreiheitsanforderungen des BFSG ist allerdings nur der Einsatz eines sogenannten Web- oder Screenreaders zwingend. Der Screenreader gibt Inhalte und Bedienelemente entweder als Braillezeile oder über die Vorlesefunktion als Sprache aus. Damit über einen Screenreader die Inhalte – zum Beispiel von Alternativen Bildtexten oder PDF-Dokumenten – sinnvoll wiedergegeben werden können, müssen diese Inhalte gut strukturiert sein.

Alle anderen innovativen und spannenden Technologien sind optional – dienen aber einer noch besseren Kommunikation mit den Stakeholdern.

4.4 Digitale Barrierefreiheit für Hörbeeinträchtigte

Wie viele Einwohner in Deutschland sind hörbehindert?
Dokumentiert ist, dass circa 30.000 Deutsche taub sind.[3] Da keine Meldepflicht bei Schwerbehinderungen besteht, wird davon ausgegangen, dass die reale Anzahl der betroffenen Personen in Deutschland höher liegt. Gerechnet wird im Allgemeinen mit einem Gehörlosen-Anteil von 0,1 % in Bezug auf die Gesamtbevölkerung, sowohl auf nationaler als auch auf internationaler Ebene. Insgesamt sind circa 320.000 Personen als hörbehindert gemeldet.

Aufgrund einer repräsentativen Erhebung, die im Mai 1999 durchgeführt wurde, ergeben sich für die deutsche Bevölkerung über 14 Jahre bei 19 % eine Hörbeeinträchtigung. Umgerechnet auf die Gesamtbevölkerung in dieser Altersgruppe sind das 13,3 Millionen.

Hörbeeinträchtigt ist eine Person, die mindestens eine der Frequenzen 0,5; 1; 2; 3; 4 kHz bei 40 dB nicht hört. Daraus ergibt sich eine Einteilung nach Hörschädigungsgraden von

- bis 35 dB leicht schwerhörig
- 40 bis 65 dB mittel schwerhörig
- 70 bis 85 dB hoch schwerhörig
- 90 dB an Taubheit grenzend schwerhörig

4.4.1 Accessibility Personas für hörbehinderte Menschen

Diese standardisierten Barrierefreiheits-Personas gibt es:

- **Dhruv:** Ein bereits älterer Student, der gehörlos ist.
  https://www.w3.org/WAI/people-use-web/user-stories/story-six/
- **Martha:** Sie arbeitet als Marketingassistentin. Sie ist blind und taub.
  https://www.w3.org/WAI/people-use-web/user-stories/story-seven/
- **Ron:** Ein älterer Benutzer mit mehreren Beeinträchtigungen.
  https://www.gov.uk/government/publications/understanding-disabilities-and-impairments-user-profiles/ron-older-user-with-multiple-conditions
- **Saleem:** Ein hochgradig gehörloser Benutzer.
  https://www.gov.uk/government/publications/understanding-disabilities-and-impairments-user-profiles/saleem-profoundly-deaf-user

[3] https://www.schwerhoerigen-netz.de/statistiken/?L=0

4.4.2 Welche Maßnahmen unterstützen bei Hör-Einschränkungen?

Nicht nur für Gehörlose, Schwerhörige oder Menschen, die bestimmte Frequenzen nicht wahrnehmen können, ist es wichtig, dass Sprache zusätzlich in Text ausgegeben wird. Ist jemand zum Beispiel in der Bahn unterwegs, hat kein Headset dabei oder die Bluetooth-Kopfhörer sind nicht aufgeladen, lässt sich der Inhalt eines Videos nicht verlässlich und der Inhalt eines Meetings oder eines Podcasts überhaupt nicht erkennen.

Es gibt darüber hinaus unterschiedliche Lerntypen, die Inhalte in unterschiedlichen Formaten besser verstehen können. Besonders visuell orientierte Menschen lieben es zum Beispiel, Inhalte auch in geschriebener Form zu erhalten.

Für 12,3 Mio. Nicht-Muttersprachler in Deutschland ist es eine große Unterstützung, nicht nur das Gesagte zu hören, sondern zusätzlich lesen zu können. Dadurch erhöht sich nicht nur die Verständlichkeit enorm, es lässt sich sogar noch ein Lerneffekt erzielen.

4.4.3 Sprache in Text umwandeln

► **Sprache wird in Text umgewandelt** Um Sprache in Text umzuwandeln, kommt Speech-to-Text (STT) zum Einsatz. STT ist eine Technologie, die Sprache automatisiert erkennt und in Schrift umwandelt. Diese Schrift wird dann entweder synchron zum Gesprochenen in Gestalt von Untertiteln ausgegeben oder auch unabhängig vom aktuell Gesprochenen in Form eines Transkripts.

4.4.4 Untertitel für Videos

Für Querformat-Videos, die auf den gängigen Plattformen YouTube oder Vimeo gehostet werden, lassen sich zum Beispiel bereits direkt beim Einstellen Untertitel in deutscher Sprache generieren. Die Hosting-Plattformen erstellen dazu automatisch über STT-Technologie ein Transkript der Tonspur und geben dies in Schriftform aus. Diese automatisierten Transkripte werden als srt-Datei gespeichert und können nachträglich bearbeitet werden. Die Untertitel sind heute schon sehr gut und reichen für das Verständnis des Inhalts vollkommen aus. Nutzer und Nutzerinnen müssen die Untertitel allerdings explizit über den Button „Untertitel" aktivieren, um sie sehen zu können.

Außerdem lassen sich srt-Dateien für Social-Media-Networks wie zum Beispiel LinkedIn, die Videos ebenfalls als Querformat ausspielen, exportieren und nutzen.

Bei den Hochformat-Videos für Social-Media-Networks wie etwa Facebook, Instagram oder TikTok lassen sich inzwischen ebenfalls bei allen automatisch Untertitel erstellen.

▶ **Bearbeitete versus unbearbeitete Transkripte oder Untertitel**
Unbearbeitete, automatisch erstellte Transkripte zeigen jeden Versprecher auf. Darüber hinaus enthalten so erstellte Untertitel wenig bis keine Zeichensetzung. Dass Sätze in der deutschen Sprache groß begonnen werden, wird größtenteils ignoriert. Wer Wert darauf legt, dass nicht nur der Inhalt verständlich, sondern auch alles korrekt geschrieben ist oder sogar CI-Richtlinien eingehalten werden, kann die Untertitel nachträglich bearbeiten. Empfehlenswert ist die Nachbearbeitung auf jeden Fall, zum Beispiel wenn E-Mail-Adressen erwähnt werden. Denn diese werden als Untertitel selten korrekt angezeigt.

Wer sich nicht auf die Untertitel der Hosting- oder Ausspielplattformen verlassen möchte, kann bereits beim Videoschnitt selbst Untertitel erstellen – zum Beispiel mit dem Online-Videoeditor Clipchamp. Untertitel lassen sich auch noch nachträglich hinzufügen, durch AI-Lösungen wie beispielsweise Wondershare.

4.4.5 Transkripte für Podcasts

Podcasts gehören ebenfalls zu den wichtigen sprechenden und sehr trendigen Kommunikationskanälen. Podcasts sind eine großartige Möglichkeit, Ideen und Geschichten mit einem breiten Publikum zu teilen. Verschriftlichte Podcasts machen es möglich, den Podcast-Text entweder mit oder ohne Ton zu lesen, durch Episoden zu scrollen und auf einen Zeit-Absatz zu klicken, um schnell zur richtigen Stelle zu springen. Transkripte ermöglichen es, die meist unterhaltsamen Botschaften von Podcasts zugänglich zu machen. Darüber hinaus verbessern die Transkripte die Auffindbarkeit der Inhalte in Suchmaschinen (Search Engine Optimization, SEO).

Auf Spotify kann man sich inzwischen entscheiden, ob man ein automatisiertes oder ein professionelles Transkript erstellen lassen möchte.

Noch bieten nicht alle Hosting-Plattformen Transkript-Funktionen an. Separate Transkripte lassen sich allerdings sehr einfach zum Beispiel über die Transkript-Funktion von Microsoft 365 oder von Google Docs erstellen. Man kann die Datei aber auch über ChatGPT direkt transkribieren lassen.

▶ **Closed Captioning Audio-/Videoinhalte noch besser verständlich machen**
Zur besseren Verständlichkeit von Audioinhalten wird häufig auch Closed Captioning eingesetzt. Das ist eine vollständige Transkription der Audiospur, die nicht nur die Dialoge wiedergibt, sondern auch eingesetzte Soundeffekte und die verwendete Musik in Textform beschreibt.

Closed Captioning gehört nicht zu den Barrierefreiheitsanforderungen des BFSG. Der Medienstaatsvertrag, über den Fernsehsender seit Juni 2022 dazu verpflichtet sind, schrittweise barrierefreie Angebote anzubieten, empfiehlt allerdings Closed Captions.

Closed Captions lassen sich manuell bei der Bearbeitung der Transkripte einfügen. Damit ist ein Genauigkeitsgrad von 99 % erreichbar. Inzwischen gibt es auch KI-Tools wie Aegisub, Amberscript, IPictory AI oder Otter.ai für die automatisierte Erstellung von Untertiteln mit Closed Captions. Sie erreichen einen Genauigkeitsgrad von 90 bis 95 %.

Ein weiterer bedeutender Vorteil von Closed Captioning ist eine verbesserte Suchmaschinenoptimierung. Suchmaschinen können den Text in Untertiteln und Captions indizieren, was zu einer besseren Platzierung Ihrer Videoinhalte in den Suchmaschinen beitragen kann. Das bedeutet, dass Ihre Videos bei der Suche nach Schlüsselwörtern, die mit Ihren Inhalten in Zusammenhang stehen, mit größerer Wahrscheinlichkeit weiter oben in den Suchergebnissen erscheinen, was zu mehr Sichtbarkeit und Engagement führt.

4.4.6 Live-Untertitel für Meetings und Events

Für Meeting-Plattformen wie Google Meet, Zoom und auch Microsoft Teams gibt es die Möglichkeit, deutsche Live-Untertitel einzuschalten. Bei Microsoft kann jeder Meeting-Teilnehmer sich die Untertitel eigenständig auswählen. Bei

Google und Zoom muss die Untertitelung vom Meeting-Host zunächst aktiviert werden. Nach einem Meeting lassen sich die Untertitel dann auch als Transkript herunterladen.

Beim Chrome Webbrowser von Google kann man unter „Einstellungen/Bedienhilfen“ die automatischen Untertitel auswählen. Hier lässt sich auch über „Untertitel übersetzen“ die gewünschte Sprache einstellen. Inzwischen ist das auch für die deutsche Sprache umgesetzt. Die Einstellung funktioniert sogar, wenn der Ton ausgestellt ist.

▶ **Auf die Spracheinstellung achten** Häufig steht die voreingestellte Sprache für Live-Untertitel auf Englisch, aber gesprochen wird Deutsch. Damit sind die angezeigten Untertitelungen und auch das Transkript unbrauchbar. Für ein gutes Ergebnis ist es notwendig, dass die gesprochene Sprache mit der voreingestellten Sprache übereinstimmt.

4.4.7 Einsatz von Gebärdensprache

Wie viele können in Deutschland Gebärdensprache?
In Deutschland sprechen etwa 200.000 Menschen die Deutsche Gebärdensprache (DGS). Davon sind rund 80.000 Gebärdende gehörlos. Die Gebärdensprache bildet das soziale und kulturelle Fundament der deutschen Gebärdensprachgemeinschaft.

Auf öffentlichen Websites werden auch Texte – nicht nur Sprache wie beispielsweise im Fernsehen – in Gebärdensprache übersetzt. Diese Übersetzungen werden heute noch von Gebärden-Dolmetschern performt.

Die deutsche Gebärdensprache ist eine selbstständige, natürlich entstandene Sprache. Die Grammatik der DGS unterscheidet sich deshalb stark von der der deutschen Sprache. Obwohl ein tauber Mensch, der in Deutschland aufwächst, sein ganzes Leben lang immer wieder mit der deutschen Sprache konfrontiert wird, ist die geschriebene deutsche Sprache mit ihrer Grammatik für ihn trotzdem eine Fremdsprache – die er auch wie eine Fremdsprache erlernen muss.

Zukünftig sollen mithilfe eines 3D-Gebärdensprach-Avatars[4] (AVASAG) Texte von Internetseiten automatisch in die deutsche Gebärdensprache übersetzt werden. Die Ergebnisse des Projekts finden Sie unter https://research.avasag.de/.

[4] https://avasag.de/

4.4.8 Multimodale große Sprachmodelle im Einsatz für Menschen mit Hör-Behinderungen

Mithilfe der multimodalen großen Sprachmodelle (MLLMs) können Anwender und Anwenderinnen über Texteingabe chatten.

Wenn ein solches System mit den Inhalten von Videos und Audios einer Website oder eines Hör-Buchs trainiert wird, können Nutzer und Nutzerinnen ihre individuelle Fragen schriftlich stellen und erhalten die Antwort ebenfalls schriftlich. Damit brauchen sie sich nicht ein komplettes Video mit Untertiteln anzusehen, um zu den gewünschten Informationen zu kommen. Mehr finden Sie im Kapitel **Ein- und Ausblicke** Abschn. 6.1.1.

4.4.9 Summary: Sprache in Text umwandeln

Eine auditorische Beeinträchtigung macht sich besonders negativ bei unterhaltsamen Formaten wie Audio, Video und Event bemerkbar. Emotionen lassen sich bei Hörbeeinträchtigen durch Bilder und Text oder durch Gebärden erzeugen und/oder unterstützen.

Die Bedienung von Produkten, Dienstleistungen, digitalen Anwendungen wie Apps, Onlineshops, Vertragsdokumenten oder Websites sind nicht so stark beeinträchtigt. Die reinen Inhalte lassen sich (teil-)automatisiert durch KI-Technologien gut als Text darstellen. Allerdings leidet die Emotionalität. Und für Menschen, die noch nie die deutsche Sprache gehört haben, ist die deutsche Sprache mit ihrer komplexen Grammatik eine Fremdsprache.

Und die Inhalte audiobasierter Formate sind durch Untertitel, Closed Captioning, Transkripte und Gebärdensprache gut vermittelbar. Die Barrierefreiheitsanforderungen des BFSG sehen nur Untertitel und Transkripte vor. Die Gebärdensprache ist nur für öffentliche Einrichtungen obligatorisch und Closed Captioning für öffentliche TV- und Rundfunkanstalten.

4.5 Digitale Barrierefreiheit für motorisch Beeinträchtigte

Wie viele Einwohner in Deutschland sind körperlich behindert?
Über 4,5 von insgesamt 7,9 Millionen schwerbehinderten Menschen in Deutschland sind körperlich behindert. Mit 58 % stellt die motorische Beeinträchtigung den größten Anteil an Behinderungen da.[5]

[5] https://www.destatis.de/DE/Presse/Pressemitteilungen/2020/06/PD20_230_227.html

Was ist motorische Behinderung? Unter dem Begriff motorische Behinderung werden alle Einschränkungen der körperlichen Bewegungsfähigkeit zusammengefasst.

Körperbehindert ist, wer aufgrund einer Schädigung des Stütz- und Bewegungsapparats, einer Organschädigung oder Erkrankung in seinen körperlichen Funktionen beeinträchtigt ist.

4.5.1 Accessibility Personas für motorisch behinderte Menschen

Diese standardisierten Barrierefreiheits-Personas gibt es:

- **Ade:** Ein Reporter mit eingeschränkter Funktion seiner Arme.
  https://www.w3.org/WAI/people-use-web/user-stories/story-one/
- **Elias:** Er ist Rentner mit einer altersbedingten Sehschwäche, Handzittern und leichtem Verlust des Kurzzeitgedächtnisses.
  https://www.w3.org/WAI/people-use-web/user-stories/story-nine/
- **Christopher:** Benutzer mit rheumatoider Arthritis.
  https://www.gov.uk/government/publications/understanding-disabilities-and-impairments-user-profiles/christopher-user-with-rheumatoid-arthritis
- **Ron:** Ein älterer Benutzer mit mehreren Beeinträchtigungen.
  https://www.gov.uk/government/publications/understanding-disabilities-and-impairments-user-profiles/ron-older-user-with-multiple-conditions

4.5.2 Welche Maßnahmen unterstützen Menschen mit motorisch und sensorischen Einschränkungen?

Ein Produkt, eine Dienstleistung, eine App, einen Onlineshop oder einer Website zu bedienen, ist für Menschen mit motorischen/sensorischen Einschränkungen, zum Beispiel durch Zittern, Spastik, Amputationen, verkürzte Gliedmaßen oder Lähmungen eine große Herausforderung. Auch für Menschen mit Verletzungen an Händen oder Armen – oder einer vorübergehenden Zerrung im Rücken – sowie mit schubhaften Erkrankungen wie beispielsweise Rheuma oder Gicht stellt es eine großartige Unterstützung dar, neben Maus oder Joystick eine alternative Bedienoption für die Navigation und Eingabe zu haben.

Motorisch eingeschränkt sind zudem alle, die wegen einer Krankheit im Bett liegen. Und das kommt nicht selten vor. Krankenversicherungen meldeten seit 2022 immer wieder Rekordwerte für Krankschreibungen.

Darüber hinaus profitieren auch visuell eingeschränkte Personen von alternativen Bedienmöglichkeiten, gepaart mit einer Vorlesefunktion, weil sie nicht genau sehen können, wo sie klicken müssen.

4.5.3 Bedienoptionen

Die Mensch-Computer-Interaktion sollte über mehrere Sinne möglich sein und so funktionieren, wie wir mit unserer Umwelt und mit anderen Menschen interagieren.

Zu den gängigen Bedienoptionen eines Computers zählen bei Verbrauchern und Verbraucherinnen die Maus oder der Joystick. Darüber hinaus gibt es Multi-Touchpads bei Laptops oder Touchscreens bei Smartphones und Tablets. E-Books gibt es auch immer noch mit Tasten.

Neu hinzugekommen sind Bedienoptionen wie Sprachsteuerung, Eyetracking sowie Touch- und Gestensteuerung. Und es wird an Gehirn-Computer-Schnittstellen gearbeitet, bei denen Hirnströme dazu dienen, Computer zu steuern.

Für die digitale Barrierefreiheit gilt: je mehr Bedienoptionen, desto besser. Doch bei motorisch/sensorischen Beeinträchtigungen funktionieren die Tastaturbedienbarkeit, die Sprachsteuerung sowie die Augensteuerung am besten. Touch- oder Gestensteuerung funktionieren nur für einige der motorischen Einschränkungen.

4.5.4 Tastaturbedienbarkeit erleichtern

Die Tastaturbedienbarkeit ist eine wichtigste und explizit geforderte Säule der Barrierefreiheit. Auch wenn dies deutlich länger dauert als mit einer virtuellen Maus oder einem Sprachassistenten. Die Basis der Tastaturbedienung ist die Tabulator-Taste. Mit der Tab-Taste kann ein Nutzer von Element zu Element springen. Bei nicht optimierten Websites wird nur am linken unteren Rand des Bildschirms – ganz klein – angezeigt, wie das aktuell angesteuerte Element heißt. Dieses Feld lässt sich auf dem Bildschirm auch nicht vergrößern.

Auf den besser optimierten Websites wird dieses Feld zusätzlich markiert: zum Beispiel sichtbar umrandet oder unterstrichen und/oder mit einer Kontrast-

Farbe unterlegt. Für Menschen mit einer Sehbehinderung werden die Felder durch einen Screenreader vorgelesen. Abschn. 4.3.5.

Mit der Return- oder Leertaste können jetzt Links, Buttons und alles andere Klickbare aktiviert werden. Innerhalb von Formularen oder in einem CAPTCHA[6] lässt sich auch mit den Pfeiltasten navigieren. Mit den Pfeiltasten kann man außerdem auf der Website auf- und abwärts scrollen.

4.5.5 Sprachsteuerung durch Sprachassistenten

▶ **Sprachsteuerung durch Sprachassistenten** Als Sprachsteuerung bezeichnet man die Übermittlung von Befehlen an technische Geräte, die per Stimme erfolgt. Die Sprachsteuerung ist hauptsächlich aus dem privaten Umfeld bekannt, zum Beispiel durch Sprachassistenten wie Amazon Alexa. Die Sprachassistenten Alexa, Cortana, Siri & Co. funktionieren über sogenannte Smartspeaker wie zum Beispiel den Echo, einen Computer, das Smartphone oder sogar das Auto. Voraussetzung ist, dass es ein Modul für Spracherkennung gibt, das sprachliche Äußerungen aufnehmen und interpretieren kann.

Genauso wie man sich im Smarthome durch die Sprachassistenten den Gang zum Lichtschalter, zur Stereo-Anlage oder zum Fernseher spart, ist es möglich, auf einer Website mit der eigenen Stimme zu navigieren, nach Begriffen zu suchen oder sich Texte vorlesen zu lassen.

Zurzeit ist zum Beispiel der ARAG-Sprachassistent ein entsprechender Versuchsballon des deutschen Versicherers. (Siehe Tab. 4.1) Über die Web Speech API wird der getätigte (vordefinierte) Sprachbefehl in Text umgewandelt. Die Website muss dafür mit einem Browser verwendet werden, der in der Lage ist, den Zugriff auf das (eingeschaltete) Mikrofon am Endgerät freizuschalten, so wie dies etwa Google Chrome kann.

Beispiel Sprachassistent der ARAG-Website (Tab. 4.1)
Für Benutzer mit Mobilitätsbehinderungen kann die Steuerung eines Bildschirm-Mauszeigers mit Sprachbefehlen einfacher sein, als eine physische Maus zu

[6] CAPTCHA = Completely Automated Public Turing test to tell Computers and Humans Apart.

Tab. 4.1 Beispiel Sprachassistent der ARAG-Website

Sprachbefehl	Aktion
„Suche Begriff"	z. B. „Suche Begriff Rechtschutzversicherung“
„Lese vor“	z. B. „Lese 1 vor“: liest Überschrift Nr. 1 vor
„Weiter“	Liest nächstes Element vor, wenn vorher etwas vorgelesen wurde
„Homepage“	Zur Startseite ARAG.de navigieren
„zurück“	Eine Seite zurück
„vor“	Eine Seite vor, wenn vorher zurück
„gehe zu“	z. B. „gehe zu“ – der Link muss sichtbar sein
„gehe zum“	Name des Links: z. B. „gehe zum Rechtsschutz“
„gehe zur“	Name des Links: z. B. „gehe zur Tierhalterhaftpflichtversicherung“
„runter“	Scrollt nach unten
„rauf“ oder „hoch“	Scrollt nach oben
„nach oben“	Scrollt nach ganz oben
„nach unten“	Scrollt nach ganz unten

verwenden. In Microsoft-Anwendungen kann man deshalb mithilfe der Stimmeingabe (über Cortana) zum Beispiel die Applikationen öffnen, zwischen ihnen wechseln oder im Web surfen. Dafür ist es möglich, etwa den Mauszeiger (den Cursor) gezielt zu bewegen oder Mausklicks auszuführen.

4.5.6 Multimodale große Sprachmodelle im Einsatz für Menschen mit motorischen Einschränkungen

Die multimodalen großen Sprachmodelle (MLLMs), mit denen Anwender und Anwenderinnen inzwischen nicht nur über Texteingabe chatten, sondern auch über Spracheingabe kommunizieren können, sind für Produkte, Dienstleistungen, Apps, Onlineshops, Dokumente und Webseiten geeignet.

Wenn ein solches System mit den Inhalten einer Website oder eines E-Books trainiert wird, können Nutzer und Nutzerinnen ihre individuelle Fragen in ihrer eigenen und natürlichen Sprache auch mündlich stellen und erhalten die Antwort ebenfalls als Sprache. Damit müssen sie sich nicht durch eine Website navigieren, um zur gewünschten Information zu kommen. Mehr finden Sie im Kapitel **Ein- und Ausblicke,** Abschn. 6.1.1.

Tab. 4.2 Beispiel Eye-Tracking ab Microsoft 10

Augenbewegung	Aktion
„Maus <Richtung> bewegen“	Bewegt den Mauszeiger nach oben, unten, links, rechts, oben links, oben rechts, unten links oder unten rechts
„Stop“ oder „Stop Moving“	Beendet die Bewegung des Mauszeigers
„Schnell“ oder „Schneller“	Erhöht die Geschwindigkeit des Mauszeigers
„Langsam“ oder „Langsamer“	Verringert die Geschwindigkeit des Mauszeigers
„Maus <Richtung> ziehen“	Zieht die Maus nach oben, unten, links, rechts, oben links, oben rechts, unten links oder unten rechts
„Click“ oder „Tap“	Klickt ein Element an
„Linksklick“	Klickt mit linker Maustaste auf ein Element
„Rechtsklick“	Klickt das Element mit rechter Maustaste an
„Doppelklicken“	Wort/Element wird markiert
„Dreifachklick“	Ganzer Absatz wird markiert

4.5.7 Steuerung einer virtuellen Maus durch Eye-Tracking

▶ **Eye-Tracking – Steuerung über die Augen** Bei der Augensteuerung wird ein Mauszeiger durch die Augenbewegung kontrolliert. Eine Augensteuerung besteht aus einer Kamera, die die Bewegung der Augen erfasst und einer Software, die die Kamerabilder interpretiert und in Befehle umsetzt.

Vom Betriebssystem Microsoft 10 an kann der Mauszeiger auch mit der Augensteuerung bewegt und zum Beispiel auf ein editierbares Textfeld verschoben werden. (siehe Tab. 4.2) Danach lässt sich ebenfalls durch die Augensteuerung eine Tastaturschaltfläche öffnen, um anschließend mittels Augensteuerung oder optional über Spracheingabe Text einzugeben

4.5.8 Touchsteuerung durch touchsensitive Oberflächen

▶ **Bedienen eines Geräts mithilfe von Touchscreens** Touchscreens sind Bildschirme, die via Berührung der Bildschirmfläche bedient werden können. Sen-

Tab. 4.3 Beispiel Touchgesten Fenstermanagement in Windows 11

Touch	Aktion
„Wischen mit drei Fingern nach unten“	Minimiert alle Fenster
„Wischen mit drei Fingern nach oben“	Öffnet alle Fenster wieder
„Wischen mit drei Fingern nach links/rechts“	Wechselt zwischen geöffneten Fenstern
„Wischen mit vier Fingern nach oben“	Zeigt das Fenstermenü sowie virtuelle Desktops an
„Wischen mit vier Fingern nach links/rechts“	Wechselt zwischen virtuellen Desktops

soren des Bildschirms registrieren den physisch ausgeübten Druck (Resistive Touch), Berührung (Kapazitiver Touch), Wärme (Infrarot- oder Induktiver Touch) oder Bewegung (Optischer Touch) und übersetzen dies in ein auszuführendes Kommando.[7]

Durch touchsensible Oberflächen können Navigation und Befehlseingabe auch über Wischbewegungen erfolgen. (Siehe Tab. 4.3) Vom Betriebssystem 11 an gibt es bei Microsoft unterschiedliche Touchgesten für unterschiedliche Bereiche, zum Beispiel in der Taskbar oder beim Fenstermanagement.

Beispiel Touchgesten Fenstermanagement in Windows 11

4.5.9 Gestensteuerung

▶ **Bedienen eines Geräts mithilfe von Gestensteuerung** Gestensteuerung ermöglicht das Bedienen eines Geräts mithilfe von Gesten – mit kleinen oder gar nur angedeuteten Bewegungen. Dies ersetzt oder ergänzt die Eingabe über Tasten, Touch, Sprache oder Augenbewegung.

Für die Gestensteuerung ist eine auf Gestenerkennung basierende Technologie notwendig. Dabei fungieren zum Beispiel eine 3D-Kamera, eine Infrarot-Kamera oder ein Bewegungssensor als Eingabegerät. Befehle lassen sich mit vordefinierten oder individuell programmierbaren Gesten ausführen.

[7] https://www.ds.mpg.de/132740/04

Tab. 4.4 Beispiel Standardgesten bei der Apple Watch 9

Geste	Aktion
„Zeigefinger und Daumen 1x zusammen tippen“	Springe vor zum nächsten Bedienelement
„Zeigefinger und Daumen 2x zusammen tippen“	Springe zurück zum vorherigen Bedienelement
„Faust 1x ballen“	Aktivieren
„Faust 2x ballen“	Aktionsmenü einblenden

Mithilfe von kleinen Bewegungen – mit oder ohne zusätzliche technische Hilfsmittel wie zum Beispiel Armbänder oder Datenhandschuhe – lassen sich eine möglichst intuitive Navigation durchführen und Befehle eingeben (siehe Tab. 4.4).

Beispiel Standardgesten bei der Apple Watch 9

4.5.10 Summary: Alternative Bedienung

Bei motorisch und sensorisch bedingten Beeinträchtigungen sind uneingeschränkt alle Content-Formate zur Vermittlung von Inhalten einsetzbar. Allerdings ist die physische Nutzung von Produkten, Dienstleistungen, Apps, Onlineshops, Dokumenten oder Websites eine Herausforderung.

Für eine gute Bedienbarkeit ist allerdings Voraussetzung, dass es neben der Bedienung mit der Maus noch Alternativen für die Navigation oder Bedienung gibt. Vom BFSG ist nur eine optimierte Tastenbedienbarkeit gefordert. Optional und innovativer sind aber eine sprach- oder augengesteuerte Maus, Eingaben durch einen Sprachassistenten über Touch oder Gesten oder eine Kombination der Möglichkeiten.

4.6 Digitale Barrierefreiheit für kognitiv Beeinträchtigte

Wie viele Deutsche sind kognitiv beeinträchtigt?
Ende 2021 lebten in Deutschland laut Statistischem Bundesamt etwa 1,092 Millionen Menschen mit kognitiven Beeinträchtigungen. Das sind Menschen mit geistigen oder seelischen Behinderungen und zerebralen Störungen. Kognitive Beeinträchtigungen sind damit die zweithäufigste Behinderung in Deutschland.

Was sind kognitive Störungen?
Unter kognitiven Einschränkungen versteht man Einbußen der geistigen Leistungsfähigkeit. Diese machen sich in der Wahrnehmung, im Erkennen, im Erinnern, im Denken und im Urteilen bemerkbar.

Zu den häufigsten kognitiven Störungen zählen:

- Aufmerksamkeits- und Konzentrationsstörungen
- Gedächtnisstörungen – zum Beispiel durch ein eingeschränktes Erinnerungsvermögen
- Störungen von Denkprozessen, beispielsweise beim Rechnen, Abwägen und Beurteilen oder bei der Konzeptbildung

4.6.1 Accessibility Personas für kognitiv behinderte Menschen

Diese standardisierten Barrierefreiheits-Personas gibt es:

- **Ian:** Er ist Sachbearbeiter für Dateneingabe mit Autismus. https://www.w3.org/WAI/people-use-web/user-stories/story-two/
- **Sophie:** Sie ist Basketballfan, geboren mit Downsyndrom. https://www.w3.org/WAI/people-use-web/user-stories/story-five/
- **Stefan:** Er ist ein Schüler mit Aufmerksamkeitsdefizit-Hyperaktivitätsstörung (ADHS) und Legasthenie. https://www.w3.org/WAI/people-use-web/user-stories/story-eight/
- **Elias**: Er ist Rentner mit einer altersbedingten Sehschwäche, Handzittern und leichtem Verlust des Kurzzeitgedächtnisses. https://www.w3.org/WAI/people-use-web/user-stories/story-nine/
- **Pawel:** Ist ein Nutzer mit Asperger-Syndrom. https://www.gov.uk/government/publications/understanding-disabilities-and-impairments-user-profiles/pawel-user-with-aspergers
- **Simone:** Sie ist Legasthenikerin. https://www.gov.uk/government/publications/understanding-disabilities-and-impairments-user-profiles/simone-dyslexic-user

4.6.2 Welche Maßnahmen helfen Menschen mit kognitiven Einschränkungen?

Texte in einfache Sprache umzuwandeln, ist nicht nur für Menschen mit kognitiven Beeinträchtigungen wie Demenz oder Brain Fog essenziell. Auch für Menschen mit temporären Einschränkungen durch Migräne oder Müdigkeit oder Traumata ist die Verwendung einfacher Sprache eine große Erleichterung.

Darüber hinaus hilft es Nicht-Muttersprachlern und Menschen, die nicht richtig lesen und schreiben können, wenn die Bedienung einer Website eindeutig ist und zugleich eine einfache Sprache verwendet wird.

Das Barrierefreiheitsstärkungsgesetz schreibt nicht explizit vor, dass Inhalte in einfacher oder gar in leichter Sprache bereitgestellt werden müssen. Es ist aber empfehlenswert, wichtige Inhalte auch in einfacher Sprache darzustellen.

„Einfache Sprache" ist nicht gleich „Leichte Sprache" Die Verwendung von „Leichter Sprache" ist beispielsweise eine explizierte Forderung für öffentliche Stellen. Während Leichte Sprache definierten Regeln folgt, stellt Einfache Sprache komplexe Inhalte einfach auf simplere Weise dar.

- Die Texte in Leichter Sprache nutzen nur einfache Worte. Die Sätze sind immer gleich aufgebaut: Wer tut was?
- Sätze in Leichter Sprache haben fast nie ein Komma.
- In Leichter Sprache werden lange Worte getrennt.
- Texte in Leichter Sprache müssen geprüft werden.
- Texte in Leichter Sprache sind eine Art Übersicht der wichtigsten Infos.

Mehr Infos finden Sie beim Landes-Kompetenz-Zentrum Barriere-freie IT Hessen https://lbit.hessen.de/landeskompetenzzentrum-barrierefreie-it/information-ueber-leichte-sprache/.

4.6.3 Texte mithilfe von generativer KI in Einfache Sprache umwandeln

Generative KI
Was Chatbot-Lösungen ausmacht – und weshalb auch viele Menschen sie gerne nutzten, ist, dass Anwender der generativen KI Befehle in normaler Sprache geben können. So wird es für Nutzer dramatisch einfacher, mit einer Maschine zu kommunizieren – ohne Programmierkenntnisse.

Die bekanntesten Chatbots sind zurzeit wohl ChatGPT, Claude und Google Gemini. Große Unternehmen wie etwa Otto Group haben mit ogGPT einen eigenen angepassten Chatbot entwickelt, der GPT-4 nutzt. Es gibt aber auch erfolgversprechende europäische Alternative wie beispielsweise Claude von anthropic oder Luminous von AlephAlpha.

Noch einfacher wird der Einsatz von GenAI, wenn die Funktionalitäten direkt in Anwendungsprogrammen genutzt werden können. Bard wird beispielsweise in die Google-Dienste wie Docs, Drive, Gmail und Maps integriert werden. Und Microsoft stellt über seinen „Copilot" KI-Funktionalitäten direkt in die Anwendungsprogramme Word, Excel, PowerPoint etc. zur Verfügung.

Um automatisiert Texte in einfache Sprache umzuformulieren, wird der Text in das Chatfenster kopiert und mit einer entsprechenden Aufgabenbeschreibung abgeschickt. Die Aufgabenbeschreibung, das Briefing oder der Befehl – im Englischen auch „prompt" genannt – ist für das Ergebnis entscheidend. Der Prompt sollte so definiert wie möglich und nur so lang wie nötig sein.

Prompt/Beispiel-Eingabe in ChatGPT: Einfache Sprache

[Beispiel-Text] In Deutschland sind die Zugänglichkeitsrichtlinien für Web-Inhalte in der Barrierefreie-Informationstechnik-Verordnung (BITV) geregelt. International sind die WCAG (Web Content Accessibility Guidelines) als Standard der EU etabliert worden. Mit dem neuen European Accessibility Act werden auch im Privatsektor Unternehmen ab Juli 2025 ihre digitalen Auftritte zunehmend barrierefrei gestallten müssen. Somit nimmt das Thema „digitale Barrierefreiheit" für Unternehmen, die innerhalb der EU ihre Produkte und Dienstleistungen verkaufen, rasant an Wichtigkeit zu.

[Beispiel-Prompt] **Bitte formuliere diesen Text in eine einfache Sprache um, die auch kognitiv Beeinträchtigte verstehen können.**

[Beispiel-Ergebnis] In Deutschland gibt es Regeln, wie Internetseiten für alle Menschen gut nutzbar sein sollen. Diese Regeln stehen in einem Gesetz. Es heißt: Barrierefreie-Informationstechnik-Verordnung (kurz: BITV).

Auch in der Europäischen Union gibt es solche Regeln. Sie heißen: Web Content Accessibility Guidelines (kurz: WCAG). Das ist Englisch und bedeutet: Richtlinien für barrierefreie Internet-Inhalte.

Ab Juli 2025 gibt es ein neues Gesetz in der EU. Es heißt: European Accessibility Act. Das ist Englisch und bedeutet: Europäisches Gesetz zur Barrierefreiheit.

Dieses neue Gesetz gilt auch für Firmen. Sie müssen dann ihre Internetseiten und Apps barrierefrei machen – also so, dass alle Menschen sie gut nutzen können. Zum Beispiel auch Menschen mit einer Behinderung.

Das Thema digitale Barrierefreiheit wird also immer wichtiger. Vor allem für Firmen, die in der EU Produkte oder Dienstleistungen verkaufen. ◄

Prompt/Beispiel-Eingabe in ChatGPT: Leichte Sprache

[Beispiel-Text] In Deutschland sind die Zugänglichkeitsrichtlinien für Web-Inhalte in der Barrierefreie-Informationstechnik-Verordnung (BITV) geregelt. International sind die WCAG (Web Content Accessibility Guidelines) als Standard der EU etabliert worden. Mit dem neuen European Accessibility Act werden auch im Privatsektor Unternehmen ab Juli 2025 ihre digitalen Auftritte zunehmend barrierefrei gestallten müssen. Somit nimmt das Thema „digitale Barrierefreiheit" für Unternehmen, die innerhalb der EU ihre Produkte und Dienstleistungen verkaufen, rasant an Wichtigkeit zu.

[Beispiel-Prompt] **Bitte formuliere diesen Text in Leichte Sprache um, die auch kognitiv Beeinträchtigte verstehen können.**

[Beispiel-Ergebnis] In Deutschland gibt es Regeln für Internetseiten.

Diese Regeln sagen: Internetseiten sollen für alle Menschen gut nutzbar sein.

Auch für Menschen mit Behinderungen.

Diese Regeln stehen in einem Gesetz.

Das Gesetz heißt: Barrierefreie-Informationstechnik-Verordnung.

Man sagt auch kurz: BITV.

Auch in der Europäischen Union gibt es solche Regeln.

Diese Regeln heißen: WCAG.

Das ist eine englische Abkürzung.

Sie bedeutet: Regeln für barrierefreie Internetseiten.

Ab Juli 2025 gibt es ein neues Gesetz in der EU.

Das Gesetz heißt: European Accessibility Act.

Das ist Englisch und bedeutet: Europäisches Gesetz zur Barrierefreiheit.

Das neue Gesetz gilt auch für Firmen.

Das heißt:

Auch Firmen müssen ihre Internetseiten barrierefrei machen.

Zum Beispiel:

Internetseiten

Apps

Onlineshops

Barrierefrei heißt:

Alle Menschen können die Angebote gut nutzen.

Auch Menschen mit Behinderung.
Das ist wichtig für Firmen, die in der EU Sachen verkaufen.
Oder Dienste anbieten.
Digitale Barrierefreiheit wird immer wichtiger. ◀

▶ **Tools direkt im CMS nutzen**
Das deutsche Startup SUMM AI bietet zum Beispiel die Übersetzung in leichte Sprache auf dem Sprachniveau A1-A2 auf Knopfdruck an – nach den offiziellen Regeln des Netzwerks Leichte Sprache e. V. Das Tool bildet zusätzlich den gesamten Workflow ab, sodass man die Übersetzungshistorie und das Feedback einsehen kann.

Die Funktionalitäten sind über Apps bereits in Microsoft 365-Anwendungen verfügbar. Damit fallen das Kopieren und Einfügen als fehleranfällige Arbeitsschritte weg. Mit einer API – einer direkten Schnittstelle – kann das Tool auch direkt in jedes Content Management System (CMS) integriert werden. Damit wird das Arbeiten noch stärker vereinfacht.

▶ **A Fool with a Tool is still a Fool**
Bei der Kommunikation zwischen Menschen liegt die Herausforderung darin, verständlich zu machen, was man benötigt oder was man von dem anderen möchte. Je besser oder je passender das Briefing bezogen auf die spezielle Person ist, desto besser das Ergebnis. Das ist bei Künstlichen Intelligenzen nicht anders.

Es ist nicht nur wichtig, dass wir lernen, mit KI-Tools richtig umzugehen, damit wir das gewünschte Ergebnis erzielen. Noch brauchen wir gute Kommunikations-Profis, die wissen, wann welche Kommunikation in welcher Situation für welche Stakeholder passend ist. Die ein richtiges Briefing formulieren können. Und darüber hinaus kompetent beurteilen, ob die Ergebnisse überhaupt einsetzbar sind.

4.6.4 Inhalte mithilfe von generativer KI erstellen

Um Texte gleich in einfacher Sprache zu verfassen, reicht als Input zur Textgenerierung häufig bereits eine Überschrift und ein Beispieltext mit einem entsprechenden Prompt.

4.6.5 Multimodale große Sprachmodelle im Einsatz für Menschen mit kognitiven Einschränkungen

Die multimodalen großen Sprachmodelle (MLLMs), mit denen Anwender und Anwenderinnen inzwischen nicht nur über Texteingabe chatten, sondern auch über Spracheingabe kommunizieren können, sind für Produkte, Dienstleistungen, Apps, Onlineshops, Dokumente und Webseiten geeignet.

Wenn ein solches System mit den Inhalten einer Website oder eines E-Books trainiert wird, können Nutzer und Nutzerinnen ihre individuelle Fragen schriftlich oder mündlich stellen und erhalten auf Wunsch auch die Antwort in einer einfachen Sprache. Damit müssen sie sich nicht durch eine Website navigieren, um zur gewünschten Information zu kommen. Mehr finden Sie im Kapitel **Ein- und Ausblicke** Abschn. 6.1.1.

4.6.6 Intuitive Benutzerführung

Je eindeutiger die Bedienung einer App, eines Onlineshops oder einer Website ist, desto intuitiver ist die Benutzerführung. Das bedeutet eine leichtere Nutzbarkeit für kognitiv Beeinträchtigte. Aber eine einfache Benutzerführung ist auch für nicht kognitiv Beeinträchtigte sinnvoll – im Sinne einer verbesserten Customer Experience. Die Zeit, in der man verkünstelte Benutzerführungen genutzt hat, um sich abzuheben, ist vorbei. Eine gute Benutzerführung zum Content ist sowohl für den Nutzer als auch aus SEO-Perspektive entscheidend.

Diese Punkte sind bei der Benutzerführung zu beachten

- Weniger ist mehr! Die Gestaltung wird auf das Wesentliche reduziert. Das kommt der Übersichtlichkeit und auch der Tastaturbedienbarkeit zugute.
- App, Onlineshop oder Website eine Struktur geben, welche die Aufmerksamkeit des Nutzers führt. Wenige wichtige Informationen hervorheben und ergänzende Inhalte auf entsprechenden Unterseiten platzieren.
- Konventionen einhalten! Nutzer erwarten Logo und Navigation oben. Impressum, AGB oder auch die Adresse werden im Fußbereich erwartet.
- Kurze Sätze sind verständlicher. Das bedeutet auch, auf das Gendern zu verzichten. Lange Absätze durch aussagekräftige Zwischenüberschriften unterbrechen.

Darüber hinaus hilft es Menschen mit kognitiven Einschränkungen, wenn in Videos keine zu schnellen Wechsel von Einstellungen oder von Sprechern in der Audiospur erfolgen. Audio und Video inklusive Untertiteln können zudem verlangsamt abgespielt werden. Auf flackernde Animationen sollten Sie verzichten.

4.6.7 Summary: Das hilft bei kognitiven Einschränkungen

Bei kognitiven Beeinträchtigungen lassen sich prinzipiell alle Content-Formate zur Vermittlung von Inhalten einsetzen. Allerdings müssen Texte, Bilder und Grafiken leicht verständlich sein. Audio und Video sollten zudem verlangsamt abspielbar sein. Es ist gut, wenn Design und Navigation auf das Wesentliche reduziert sind.

Die Barrierefreiheitsanforderungen des BFSG stellen allerdings keine expliziten Forderungen für kognitiv beeinträchtige Personen.

Testen 5

5.1 Testverfahren

Für das Testen von digitaler Barrierefreiheit gibt es unterschiedliche Verfahren und auch Prüfinstitute. Da es noch keinen dedizierten BFSG-Test gibt, ist es sinnvoll, die bestehenden Prüfverfahren für Barrierefreiheit wie zum Beispiel den BITV-Test und WCAG-Test heranzuziehen.[1] Der BIK BITV-Test Prüfverbund ist ein Zusammenschluss von Prüfstellen.[2]

Unterschiedliche Testverfahren

Es stehen unterschiedliche Testverfahren zur Auswahl:

- Manuelle Tests
- Usability & UX Testing
- User Testing
- Automatisierte Testings

[1] https://bitvtest.de/bitv_test/das_testverfahren_im_detail/verfahren.html

[2] https://bitvtest.de/bik-bitv-test-pruefverbund

G. Horcher, *Barrierefrei und nutzerzentriert kommunizieren*,
https://doi.org/10.1007/978-3-658-48520-7_5

5.1.1 Testtools

Es gibt darüber hinaus kostenfreie und kostenpflichtige Testtools. Das World Wide Web Consortium (W3C) stellt beispielsweise eine ausführliche Liste aller Web Accessibility Evaluation Tools zur Verfügung.[3]

Eine Auswahl automatisierter Tools in alphabetischer Reihenfolge

AXE (Accessibility Engine) ist ein Open-Source-Tool, das speziell für die Barrierefreiheitsprüfung von Webseiten entwickelt wurde. Es bietet folgende Funktionen:

- AXE überprüft Webseiten auf Barrierefreiheitsprobleme gemäß den WCAG-Richtlinien.
- Es lässt sich in Entwicklungsumgebungen und CI/CD-Pipelines integrieren.
- Das Tool ist verfügbar als Add-on für Chrome und für Firefox und ermöglicht direkte Tests im Browser.
- Es lässt sich durch Entwickler anpassen oder erweitern.

AXE wird von Deque Systems entwickelt. Die grundlegenden Funktionen der Browser-Erweiterungen für Chrome und Firefox sind kostenlos. Deque Systems bietet auch erweiterte kostenpflichtige Versionen und zusätzliche Dienstleistungen an.

Der **Lighthouse** Accessibility Check ist ein Teil des Lighthouse Open-Source-Tools von Google, das die Barrierefreiheit einer Website überprüfen kann. Es testet verschiedene Kriterien, basierend auf den WCAG:

- Lighthouse überprüft, ob alle nicht-textuellen Inhalte (Bilder, Grafiken etc.) mit Alt-Texten versehen sind.
- Das Tool stellt sicher, dass die Seite vollständig mit der Tastatur bedienbar ist.
- Auch die Kontrastverhältnisse zwischen Text und Hintergrund werden gecheckt.
- Es wird kontrolliert, ob die Verwendung von ARIA-Rollen und -Eigenschaften zur Unterstützung von assistiven Technologien eingetragen ist.
- Es wird geprüft, ob Formularfelder und andere interaktive Elemente eine ordnungsgemäße Beschriftung und Anweisung enthalten.

Der Lighthouse Accessibility Check ist kostenfrei verfügbar. Er ist als Teil des Google Lighthouse-Tools nutzbar, das in den Chrome Developer Tools integriert ist.

WAVE Web Accessibility Evaluation bietet eine umfassende Überprüfung der Barrierefreiheit von Webseiten:

- WAVE findet und markiert Barrierefreiheitsprobleme direkt auf der Website.
- Das Tool bietet detaillierte Erklärungen und Lösungsvorschläge für identifizierte Probleme an.
- Darüber hinaus generiert es Berichte über die Barrierefreiheit der Webseite.
- Es unterstützt die WCAG (Web Content Accessibility Guidelines).

[3] https://www.w3.org/WAI/test-evaluate/tools/list/

Das WAVE Web Accessibility Evaluation Tool wird von WebAIM (Web Accessibility In Mind) entwickelt. Die Tools von Wave sind kostenlos nutzbar.

WebAIM ist eine Organisation, die sich auf die Verbesserung der Barrierefreiheit im Web konzentriert und Ressourcen sowie Schulungen zur Unterstützung von Entwicklern und Designern bereitstellt, um zugängliche Webinhalte zu erstellen.

Checkliste: Barrierefreie Website

- Ordnen Sie die Pages der Website logisch an, und zeigen Sie diese Struktur auch in einer Sitemap an.
- Bauen Sie den Inhalt einzelner Seiten logisch auf, damit er besser von assistierender Software (Screenreader) in der korrekten Reihenfolge gelesen werden kann.
- Machen Sie alle textlichen Inhalte mit einem Screenreader vorlesbar.
- Versehen Sie auch alle Bilder mit Alternativtexten, die durch einen Screenreader vorgelesen werden können.
- Fügen Sie Untertitel für Videos oder Transkripte für Audiodateien oder Podcasts ein, damit die Informationen aus Audio- und Video-Inhalten bei Höreinschränkungen auch textlich erfassbar sind.
- Versehen Sie Video-Inhalte mit einblendbaren Untertiteln. Spielen auch Geräusche eine wichtige Rolle, versehen Sie auch die relevanten Geräusche mit einer Beschreibung.
- Fügen Sie Video-Inhalten optional eine Audio-Deskription bei.
- Versehen Sie automatisch abspielende Audio- oder Video-Inhalte mit Bedienelementen zur Pausierung oder zur Einstellung der Lautstärke.
- Weisen Sie auf wichtige Objekte, die auditiv oder visuell erfahrbar sind, unbedingt auch textlich hin.
- Verwenden Sie auch andere Informationsträger als den Einsatz von Farbe.
- Setzen Sie den Text mindestens im Kontrastverhältnis 4,5:1 vom Hintergrund ab – dies sorgt für gute Lesbarkeit.
- Sorgen Sie dafür, dass sich alle Texte – von Header bis Eingabemasken – auf mindestens 200 % vergrößern lassen.
- Verwenden Sie Text anstatt Bilder zur Vermittlung von Textinformationen.
- Machen Sie die Website inklusive aller Funktionen mit der Tastatur navigierbar.
- Gewährleisten Sie, dass Nutzer aus jedem Menü oder Fenster auch mithilfe der Tastatur zurückkehren können.
- Sorgen Sie dafür, dass Zeitlimits abgestellt oder verlängert werden können.
- Legen Sie fest, dass beweglicher oder scrollender Content angehalten oder pausiert werden kann.
- Vermeiden Sie blitzenden oder flackernden Content. Speziell mehr als drei Hell-Dunkel-Abfolgen innerhalb einer Sekunde sind zu kritisch.
- Sorgen Sie dafür, dass Blöcke wiederholter Inhalte, zum Beispiel Suchmasken, Kontaktformulare etc., übersprungen werden können, um direkt zum eigentlichen Content einer Page zu gelangen.
- Tragen Sie für Seiten Titel ein, die ihren Zweck oder Inhalt klar beschreiben.
- Ordnen Sie interaktive Elemente in einer logischen Reihenfolge an.
- Erstellen Sie für Links eine Beschreibung, die ihren Zweck verdeutlichen.

- Stellen Sie inhaltlich relevante Links zu weiterführenden Informationen bereit.
- Sorgen Sie dafür, dass einzelnen Seiten der Website über mehrere Wege erreichbar sind.
- Beschreiben Sie die Headlines des folgenden Contents klar und eindeutig.
- Heben Sie die jeweils durch die Keyboard-Navigation ausgewählten Elemente visuell hervor.
- Machen Sie die Sprache jeder einzelnen Seite automatisiert/maschinell erkennbar.
- Reduzieren Sie die Anzahl der Links oder Buttons, die in neuen Tabs oder Fenstern geöffnet werden, auf ein Minimum.
- Versehen Sie externe Links, die auf ungesicherte Seiten führen, mit Warnungen.
- Fügen Sie den Seiten der Website eine konsistente Navigation hinzu.
- Fügen Sie Bedienelementen eine konsistente Funktionalität hinzu.
- Weisen Sie auf Eingabefehler oder unvollständige Angaben hin.
- Benennen Sie speziell Eingabefelder für sehbeeinträchtigte Menschen verständlich.
- Geben Sie Usern die Möglichkeit, kritische Eingaben (beispielsweise bei Vertragsabschluss) nochmals zu überprüfen.
- Räumen Sie für bindende Interaktionen wie zum Beispiel Kaufvorgänge im Onlineshop ein Zeitfenster ein, um Angaben zu revidieren oder sogar zu stornieren.
- Machen Sie den Quellcode fehlerfrei, damit er in einem Parser validiert werden kann.
- Versehen Sie interaktive Elemente mit ARIA-Labels.
- Richten Sie einen Button oder ein Kontaktformular zur Meldung von Barrieren ein.

Nur für Seiten von öffentlichen Einrichtungen notwendig:

- Erläutern Sie die wesentlichen Inhalte der Website in Leichter Sprache und zusätzlich in deutscher Gebärdensprache.
- Nutzer müssen über jede Seite die Erklärung zur Barrierefreiheit erreichen können.
- Erläutern Sie auch die wesentlichen Inhalte der Erklärung zur Barrierefreiheit in leichter Sprache und deutscher Gebärdensprache.

5.1.2 Unterstützung durch Behindertenverbände

Verbände, Universitäten, Stiftungen und Institutionen, die Menschen mit Behinderungen vertreten, bieten Unterstützung beim Testen von Produkten, Dienstleistungen und von Angeboten von Leistungserbringern an. Auch Menschen mit Behinderungen oder sogar Angehörige von Menschen mit Behinderungen geben gerne Feedback oder Verbesserungsvorschläge als Testpersonen.

Auswahl von Verbänden, Universitäten, Stiftungen und Institutionen

Die blista ist ein bundesweites Kompetenzzentrum für Menschen mit Blindheit und Sehbehinderung. Über das Zentrum für Barrierefreiheit können sich auch Unternehmen beraten lassen.[4]

[4] https://www.blista.de/produkte-und-dienstleistungen-f%C3%BCr-barrierefreiheit

blistaCampus.
Am Schlag 2-12, 35037 Marburg
Telefon: +49 6421 606-0, E-Mail: barrierefrei@blista.de
Web: https://www.blista.de/aktuelles

Der Deutsche Blinden- und Sehbehindertenverband e. V. (DBSV) bietet in seinem Testlabor einen „Usability-Check" an.[5]

Deutscher Blinden- und Sehbehindertenverband e. V.
Rungestr. 19, 10179 Berlin
Telefon: +49 30-28 53 87 0, E-Mail: info@dbsv.org

Das Institut für Digitale Teilhabe (IDT) der Hochschule Bremen (HSB) setzt darauf, Menschen mit Beeinträchtigungen von Anfang an in die Entwicklungsprozesse einzubeziehen. Durch die Zusammenarbeit von Testpersonen mit Software- und System-Entwicklerinnen und -Entwicklern wird auch ein größeres Bewusstsein für die spezifischen Anforderungen von Menschen mit Behinderungen an digitale Technologien und digitale Medien geschaffen.[6]

Hochschule Bremen
Neustadtswall 30, 28199 Bremen
Telefon: +49 421 5905-0, E-Mail: Benjamin.Tannert@hs-bremen.de
Web: https://www.dbsv.org/

Seit 2016 führt die Ipsos Public Affairs in Kooperation mit der Aktion Mensch Teilhabeforschung durch. Über diese Teilhabe-Community haben Sie schnell und einfach Zugang zu Menschen mit unterschiedlichsten Beeinträchtigungen.[7]

Ipsos Public Affairs
Kolonnenstr. 26, 10829 Berlin
Projektleitung Armgard Zindler
Telefon +49 30 3030645 7300, E-Mail: armgard.zindler@ipsos.com
Web: https://www.ipsos.com/de-de

Das Zentrum für digitale Barrierefreiheit und Assistive Technologien (ACCESS@KIT) am Karlsruher Institut für Technologie (KIT) vermittelt Bachelor- und Masterarbeiten sowie studentische Hilfskräfte.[8]

---

[5] https://www.dbsv.org/usability-check.html

[6] https://www.hs-bremen.de/die-hsb/aktuelles/nachricht/user-tests-projekt-digitale-barrierefreiheit-gemeinsam-entwickeln/

[7] https://www.ipsos.com/de-de/teilhabe-community-von-ipsos-und-aktion-mensch#project

[8] https://www.access.kit.edu/1227.php

Karlsruher Institut für Technologie
Kaiserstr. 12, 76131 Karlsruhe
Telefon: +49 721 608-0, E-Mail: info@kit.edu
Web: https://www.kit.edu/
Das Kompetenzzentrum Barrierefreie Informationstechnik (KBIT) berät die Landesverwaltung in Fragen der barrierefreien Informationstechnik und testet Software in den Bereichen Web, Desktop, Mobile und PDF-Dokumente. Darüber hinaus schult das KBIT Mitarbeiterinnen und Mitarbeiter, um ein breiteres Bewusstsein für Barrierefreiheit in der digitalen Anwendungs- und Arbeitswelt zu schaffen.[9]

Landesbetrieb Information und Technik Nordrhein-Westfalen
Mauerstr. 51, 40476 Düsseldorf
Telefon: +49 211 9449-01, E-Mail: poststelle@it.nrw.de
Web: https://www.it.nrw/
Mit dem Projekt #LeichtOnline gibt die Lebenshilfe Hamburg den Anstoß dazu, die Bedürfnisse von Menschen mit geistiger Behinderung in der digitalen Welt umzusetzen.[10]

Lebenshilfe Landesverband Hamburg e. V.
Stresemannstr. 163, 22769 Hamburg
Telefon: +49 40 68 94 33-0, E-Mail: info@lhhh.de
Web: https://www.lhhh.de
Im „Test.Labor Barrierefreiheit“ der Stiftung Pfennigparade prüfen Menschen mit Behinderungen digitale Produkte und Dienstleistungen.[11]

Stiftung Pfennigparade
Barlachstr. 24-36, 80804 München
Telefon: +49 89 8393-4000, E-Mail: info@pfennigparade.de
Web: https://www.pfennigparade.de/
Das Projekt „Team Usability“ der DIAS GmbH führt leider keine weiteren Tests durch. Es gibt aber viele interessante Leitfäden, Fallstudien und Berichte zu Projekt-Aktivitäten.[12]

---

[9] https://www.it.nrw/informationstechnik/digitale-verwaltung/digitale-barrierefreiheit-kbit

[10] https://lhhh.de/

[11] https://www.pfennigparade.de/pressemeldung/pressemitteilung-feierliche-eroeffnung-test-labor-barrierefreiheit/

[12] https://team-usability.de/de/praxis-test.html

Ein- und Ausblicke 6

6.1 Kommunikation zukunftsfähig gestalten

Für Unternehmen und Umsetzer gilt: Sie können über die Anforderungen der digitalen Barrierefreiheit hinaus auch die eigene digitale Kommunikation mit ihren Kunden neu überdenken. Denn die Umsetzung der Barrierefreiheitsanforderungen mithilfe von Künstlicher Intelligenz wäre tatsächlich nur die Übersetzung der momentan bereits bestehenden Kommunikation.

Denn die multimodalen, großen Sprachmodelle, mit denen man inzwischen nicht nur über Text-, sondern auch über Bild- und Spracheingabe kommunizieren kann, ermöglichen auch ganz neue spannende Kommunikationsanwendungen und sogar den Einsatz zusätzlicher Kommunikationskanäle.

6.1.1 Heute: Digitale Klone im Einsatz für Unternehmen

Mit digitalen Klonen können Neukundenkontakte generiert, Kundendienst und Support automatisiert sowie die interne und externe Kommunikation inklusive der Website verbessert werden. Ein digitaler Klon ist ein neuer, innovativer Kommunikationskanal. Er eröffnet heute schon die Möglichkeit einer zusätzlichen virtuellen Interaktion mit (potenziellen) Kunden, Partnern und Mitarbeitenden. Der Einsatz von digitalen Klonen hat auf längere Sicht sogar das Potenzial, die Nutzung von anderen Kommunikationskanälen stark zu verändern. Denn anders als bei einem simplen Chatbot sind die Antworten beim digitalen Klon nicht vorprogrammiert – er antwortet den Menschen ad hoc.

G. Horcher, *Barrierefrei und nutzerzentriert kommunizieren*,
https://doi.org/10.1007/978-3-658-48520-7_6

- **Digitale Klone unterstützen digitale Barrierefreiheit** Nutzer und Nutzerinnen können ihre individuelle Fragen – schriftlich oder mündlich – in ihrer Landessprache stellen, ohne Sprachbefehle zu lernen, einfach in ihrer natürlichen Sprache. Sie erhalten die Antwort als Sprache und/oder Text.

  Vorteile für Menschen mit Seh-Beeinträchtigungen
  Wenn ein Klon mit den Inhalten einer Website oder eines E-Books trainiert wird, können Nutzer und Nutzerinnen zum Beispiel mit der Website interagieren, ohne sich für die gewünschten Informationen durch die gesamte Website navigieren zu müssen.

  Vorteile für Menschen mit Hör-Beeinträchtigungen
  Wenn ein digitaler Klon mit den Video- und Audio-Inhalten einer Website oder mit Podcasts und Hörbüchern trainiert wird, brauchen Nutzer und Nutzerinnen beispielsweise nicht ein komplettes Video mit Untertiteln anzusehen, um zu ihren gewünschten Informationen zu gelangen.

  Vorteile für Menschen mit motorischen Einschränkungen
  Wenn ein KI-Klon mit den Inhalten einer Website oder eines E-Books trainiert wird, können Nutzer und Nutzerinnen mit der Website interagieren, ohne sich für die gewünschten Informationen durch die gesamte Website navigieren zu müssen.

  Vorteile für Menschen mit kognitiven Einschränkungen
  Wenn ein solches System mit den Inhalten einer Website, eines E-Books, von Video- oder Audiodateien trainiert wird, können Nutzer und Nutzerinnen ihre individuellen Fragen schriftlich oder mündlich stellen und erhalten die Antwort – auf Wunsch – in einfacher Sprache.

6.1.1.1 Menschen sind an schnellen Antworten interessiert

Egal ob per Broschüre, Website, Video oder sogar im persönlichen Gespräch: Menschen sind oft gar nicht so sehr an strukturiert dargelegten Inhalten interessiert – sie wollen einfach nur schnelle Antworten auf ihre spezifischen Fragen.

6.1.1.2 Welche Gründe gibt es für schnelle Antworten?

- Effizienz & Zeitersparnis – In einer schnelllebigen Welt wollen Menschen sofortige Informationen, um Zeit zu sparen und produktiver zu sein.
- Gewohnheit & Technologie – Smartphones, KI-gestützte Assistenten und Suchmaschinen haben uns daran gewöhnt, dass Informationen immer und überall verfügbar sind.
- Emotionale Reaktion – Bei Fragen, die Sorgen oder Neugier betreffen, möchten Menschen schnell Antworten, um Unsicherheiten oder Stress zu reduzieren.
- Entscheidungsfindung – Im Beruf und Alltag sind schnelle Antworten oft notwendig, um fundierte Entscheidungen zu treffen.
- Kommunikationsstil – In der digitalen Kommunikation erwarten viele eine sofortige Reaktion, da dies den Austausch dynamischer und flüssiger macht.

6.1.1.3 Wie funktioniert ein digitaler Klon?

Ein digitaler Klon ist die digitale Version einer realen oder imaginären Person in einem Unternehmen. Der digitale Klon kann einer interessierten Person Fragen zu einem bestimmten Thema beantworten – in vielen Sprachen und das rund um die Uhr. Er kann Ratschläge geben, Einsichten vermitteln oder als Sparringspartner fungieren, indem er als digitale Version einer Person agiert.

Der digitale Klon wird individuell trainiert – und dies mithilfe der großen Sprachmodelle ChatGPT, Claude und/oder Gemini, aber mit eigenen vorhandenen Inhalten in Form von Text, Bild, Audio oder Video. Zum Training ist der Upload von Word- oder PDF-Dateien, MP3-/MP4-Dateien oder sogar ganzer Webseiten möglich.

Je nachdem, wem der digitale Klon welche Fragen beantworten soll, lassen sich für das Training auch Produktdatenblätter, Whitepaper, E-Books, Broschüren, Kundenrezensionen sowie interne oder Vertragsdokumente nutzen.

Wird der KI-Klon überdies mit persönlichem Material einer spezifischen Person trainiert – etwa mit ihren Blogbeiträgen, Interviews oder Vorträgen –, kann der Klon sogar den Kommunikationsstil, die Argumentationsweise und die Persönlichkeit dieser Person nachempfinden.

6.1.1.4 Authentisch kommunizieren

Der so trainierte digitale Basis-Klon kann Fragen schriftlich beantworten. Darüber hinaus kann die digitale Version einer imaginären Person aber auch eine synthetische Stimme bekommen. Wenn der digitale Klon zusätzlich mit den echten Audio- und Videodateien einer realen Person trainiert wird, kann er auch mit einer geklonten Stimme sprechen. So lassen sich Antworten nicht nur vorlesen, sondern es ist Menschen auch möglich, den Klon virtuell anzurufen, Fragen mündlich zu stellen und von ihm gesprochene Antworten zu erhalten.

Ein digitaler Avatar ist die visuelle Weiterentwicklung eines Klons, weil er die virtuelle Person als Bewegtbild darstellt. Der Avatar kann das lebensechte Aussehen einer Person haben, die vor einer 4 K-Kamera gefilmt wurde, oder er ist das digitale Fantasiebild eines fiktiven Menschen. Solch ein Avatar kann dann auch Videoanrufe von Menschen entgegennehmen.

6.1.1.5 Die Automation von Kommunikation

Die diversen digitale Replikate können nicht nur die Fragen einer Person beantworten. Sie können auch Fragen stellen, das Gespräch im Gang halten und so wertvolle Informationen sammeln.

Sollen der Klon oder der Avatar zur Leadgenerierung eingesetzt werden, ist es sinnvoll, nach einer definierten Anzahl von Fragen (ggf. drei bis vier) um eine Registrierung zu bitten. Wird viel internes Know-how preisgegeben, das auch für Marktbegleiter interessant sein könnte, sollte die Aufforderung zur Registrierung sogar schon gleich bei der ersten Frage erfolgen. Und wenn der digitale Klon für die interne Kommunikation genutzt wird, darf er auch nur über das Firmennetzwerk erreichbar sein.

Checkliste: Erstellen eines digitalen Klons

Bei der Erstellung eines digitalen Klons ist es sinnvoll, die folgenden sieben Schritte zu berücksichtigen:

1. **Zielsetzung**

Legen Sie fest, wofür der digitale Klon eingesetzt werden soll: interne oder externe Kommunikation, Vertrieb, Kundendienst oder Support? Definieren Sie das Ziel, das Sie erreichen wollen, und machen Sie es auch durch Zahlen belegbar.

Quick-Win-Tipp: Es ist sinnvoll, den digitalen Klon nicht gleich zu überfrachten. Er kann zum Beispiel zu Anfang nur für die Leadgenerierung für ein Thema (monothematischer Klon) trainiert und eingesetzt werden. Später können weitere Themen (multithematischer Klon) hinzukommen, vielleicht wird dann sogar die gesamte Customer Journey abgebildet.

2. **Content-Audit vor dem Training**

Überprüfen Sie die Inhalte, die Sie für das Training verwenden wollen, vorab auf Konsistenz und Aktualität. Gegebenenfalls sind auch zusätzliche, neue Inhalte zu erstellen. Legen Sie für jeden Inhalt fest, mit welcher Gewichtung er in die Beantwortung der Fragen einfließen soll.

Orga-Tipp: Es erleichtert Ihnen die spätere Arbeit enorm, wenn Sie bei den unterschiedlichen Trainingsinhalten gleich festlegen, in welchen Abständen welche Contents aktualisiert werden müssen, um das Training und damit den Wissensstand Ihres digitalen Klons regelmäßig aufzufrischen.

3. **Die Darstellung**

Wollen Sie einen Basis-Klon erstellen, mit dem man nur chatten kann? Soll der Klon vielleicht mit einer persönlichen, per Voice Cloning erstellten Stimme sprechen? Oder soll der digitale Klon doch mit einer synthetisierten Corporate-Stimme kommunizieren? Soll der Klon die digitale Version einer existierenden Person sein? Oder wollen Sie gleich mit einem Bewegtbild-Avatar an den Start gehen?

Quick-Win-Tipp: Es spricht auch hier nichts dagegen, mit einem Basis-Klon zu starten und die weiteren Optionen später hinzuzufügen. Lieber unperfekt starten als perfekt warten.

4. **Die Interaktion**

Es bleibt noch zu definieren, ob der Klon nur Fragen beantwortet oder ob er auch selbst Fragen stellen soll. Und ob sich der Klon bei seinen Antworten sehr stark oder doch eher frei an seine Trainingsdaten hält.

Vertrags-Tipp: Der digitale Klon einer realen Person ist oft authentischer. Allerdings können reale Personen das Unternehmen verlassen. Finden Sie heraus, welche realen Personen im Unternehmen für welche Zwecke am besten geeignet sind, und halten Sie vertraglich fest, wie der digitale Klon, der auf ihnen basiert, genutzt werden darf.

5. **Das Testen**

Nach dem Training muss der digitale Klon getestet werden. Entsprechen die Antworten nicht Ihren Qualitätsanforderungen kann es beispielsweise sinnvoll sein, den Freiheitsgrad bei der Beantwortung der Fragen anzupassen.

Test-Tipp: Bei bestimmten PDF-Dateien kann es sein, dass Zeilenumbrüche als Ende eines Satzes fehlgedeutet werden. Damit wird der Sinn oft entstellt. Bei einer Fehlersuche lohnt es darum, zuerst die PDF-Dateien zu kontrollieren.

6. **Verteilen oder integrieren**

Den Link zu Ihrem digitalen Klon können Sie über alle Kommunikationskanäle verbreiten. Dabei kann der Klon auch in eine Website, eine Landingpage, ein Social-Media-Profil oder ein Unternehmensnetzwerk integriert werden.

Compliance-Tipp: Spätestens hier muss die IT-Abteilung eingebunden werden.

7. **Datenschutz und Nutzungsrechte**

Vergewissern Sie sich, dass Sie mit der Nutzung der Inhalte für Ihren Klon nicht die Rechte anderer verletzen. Informieren Sie die Nutzer im Disclaimer darüber, wie die Daten aus ihrer Interaktion mit dem Klon verwendet werden. Wenn Sie den Klon auf Ihrer Website verwenden, ergänzen Sie Ihre Datenschutzbestimmungen.

Rechts-Tipp: Für die Nutzung von frei verfügbaren Inhalte sind vielleicht keine Nutzungsrechte erforderlich. Sollten Fremdinhalte verwendet werden, ist es allerdings sinnvoll, dies transparent zu machen.

Unternehmen, die die Anziehungskraft und die Faszination nutzen, die von einem digitalen Klon ausgeht, werden als besonders innovativ wahrgenommen. Auf längere Sicht wird der Einsatz von digitalen Klonen sogar die Relevanz anderer, herkömmlicher Kommunikationskanäle beeinflussen. So lassen sich zum Beispiel Struktur und Umfang von Webseiten stark reduzieren, wenn Besucher in Zukunft einfach barrierefrei mit dem Klon statt mit der gesamten Website interagieren.

Auch Leistungen im Bereich Kundendienst und Support lassen sich durch digitale Klone bis zu 95 % automatisieren, denn der digitale Klon erlaubt eine ganz andere Dimension des Self-Service. CEOs, Geschäftsführer, Experten und Thought Leader dagegen lassen sich durch einen Klon nicht ersetzen. Im Gegenteil: Sie werden ihre Botschaften so noch besser verbreiten können. Digitale Klone und Avatare stellen einen neuen und bedeutenden Kommunikationskanal dar. Aber die Geschichte lehrt auch: Kein neuer Kommunikationskanal kann einen anderen, bestehenden Kommunikationskanal je vollständig ersetzen.

6.1.2 Morgen: KI-Agenten im Einsatz für die Barrierefreiheit

Der Einsatz von KI-Agenten kann bei der Automatisierung der Prozesse von Projekten, die laufend die digitale Barrierefreiheit von Apps, Onlineshops oder Webseiten verbessern, einen entscheidenden Vorteil bringen.

6.1.2.1 Was sind KI-Agenten

In den letzten zwei Jahren haben viele Unternehmen unterschiedliche generative KI-Modelle beobachtet, getestet und auch eingesetzt: zum Beispiel KI-Texterstellung, KI-Bilderstellung, KI-Videoerstellung. Je nachdem, was eine KI generieren soll, wird ein spezifischer Algorithmus, Machine Learning oder ein neuronales Netz eingesetzt. So kann eine KI die spezifische Aufgabe schneller erledigen als jeder Mensch. Aber eben nur diese eine spezifische Aufgabe. Für eine andere Aufgabe wird ein anderer spezifischer Algorithmus, Machine Learning oder ein neuronales Netz benötigt. KI-Agenten kombinieren nun unterschiedliche KI-Technologien. So können KI-Agenten eine ganze Reihe von unterschiedlichen Aufgaben in der richtigen Abfolge durchführen.

6.1.2.2 Was sind ChatGPT Tasks?

ChatGPT Tasks ist eine – zurzeit noch – experimentelle Funktion, mit der Aufgaben (Tasks) als Prompt eingegeben und durchgeführt werden können. Die Funktion ähnelt zunächst sehr der Aufgabenfunktion in Onlinekalendern wie beispielsweise Outlook. Doch es ist nicht nur eine Erinnerungsfunktion für wiederkehrende Aufgaben. ChatGPT Tasks kombiniert die Aufgabenfunktion mit dem, was das sogenannte große Sprachmodell hinter ChatGPT – aktuell die GPT-4-Serie von OpenAI – am besten kann: Contents recherchieren und erstellen.

6.1.2.3 Beispiel-Prompts

1. Erstelle mir täglich drei Vorschläge für Beiträge, die ich auf LinkedIn zum ≪Thema XY≫ posten kann – mit je zwei Bildvorschlägen.
2. Informiere mich, sobald ≪Marktbegleiter XY≫ eine neue Pressemeldung herausgibt.
3. Sende mir täglich drei Übungen, die ich zur Stärkung meiner ≪XY Muskulatur≫ machen kann.

Anfang 2025 hat OpenAI sein ChatGPT Tasks vorgestellt. ChatGPT Tasks vollzieht schon die ersten Schritte in Richtung eines vollwertigen KI-Agenten, weil die gestellten Aufgaben aus mehreren Schritten bestehen.

6.1.2.4 Schritte zur Erfüllung der Aufgabe von Beispiel-Prompt 1

- Recherche von aktuellen Informationen zum ≪Thema XY≫
- Erstellung von drei Blogbeiträgen, wie sie typischerweise auf LinkedIn veröffentlicht werden
- Erstellen von je zwei Bildvorschlägen zu den drei Blogbeiträgen
- Senden der täglichen Vorschläge per E-Mail

Die Erstellung von sich wiederholenden Tasks kann viel Zeit sparen oder helfen, sich besser zu organisieren. Tasks ist bereits als Betaversion in Deutschland verfügbar – wenn man einen Plus-Account für 20 $ oder einen geschäftlichen Team-Account für 25 $ pro Monat hat.

6.1.2.5 Was kann der ChatGPT-Operator?

ChatGPT Operator (auch über https://operator.chatgpt.com/ erreichbar) ist das neueste Feature von OpenAI. Es ist in Deutschland noch nicht offiziell verfügbar. Der Operator lässt sich aber bereits nutzen, wenn man über einen seriösen VPN-Anbieter einen amerikanischen Internet-Zugang simuliert und den Pro-Account für 200 $ pro Monat abonniert hat. ChatGPT Operator ist eine erweiterte Version für Unternehmen, die spezielle Tools, Schnittstellen und Funktionen für die Automation von Aufgaben nutzen möchten.

So kann der Operator Webseiten wie ein Mensch bedienen. Er kann – wenn man ihm einmal die Anmeldung zur eigenen Website gegeben hat –die Website beispielsweise pflegen: Dateien öffnen, alternative Bildbeschreibungen oder SEO-Texte einfügen, speichern usw. Das erspart einem Web-Content-Manager – zum Beispiel bei einem Barrierefreiheitsprojekt – viel klicken, warten und wieder klicken.

Der Operator kann sich aber auch auf anderen Webseiten bewegen: klicken, scrollen und Formulare ausfüllen. Der Operator pausiert nur, wenn Logins oder die Bestätigung eines CAPTCHA, dass man ein Mensch ist, erforderlich sind. Hier muss er rein rechtlich manuell von einem Menschen unterstützt werden. Logins, die einmal eingegeben wurden, merkt sich das System aber.

6.1.2.6 Beispiel-Prompts und angestoßene Abläufe

1. Finde ein libanesisches Restaurant in Frankfurt am Main, Deutschland, und reserviere einen Tisch für fünf Personen zum Business-Lunch für ≪XY Datum≫, ≪XY Uhrzeit, Central Europe Time≫
   Der Operator durchsucht jetzt Plattformen wie beispielsweise OpenTable und zeigt Reservierungsoptionen an, die dann manuell bestätigt werden müssen. Diese Aufgabe kann vom Operator sehr schnell ausgeführt werden, da nur eine Plattform durchsucht werden muss. Es werden aber nur Restaurants berücksichtigt, die OpenTable als Reservierungsplattform nutzen.
2. Alternativ: Durchsuche Websites von Restaurants in Frankfurt am Main, Deutschland. Zeige mir Restaurants mit libanesischer Küche, die eine Online-Reservierungs-Option und einen Tisch für fünf Personen zum Business-Lunch für ≪XY Datum≫, ≪XY Uhrzeit, CET≫ haben.
   Der Operator durchsucht jetzt die Webseiten von Restaurants in Frankfurt und zeigt Reservierungsoptionen an, die dann manuell bestätigt werden müssen.
   Diese Aufgabenstellung dauert deutlich länger, weil einzelne Webseiten von Restaurants in Frankfurt durchsucht werden müssen. Es werden gegebenenfalls aber deutlich mehr Restaurants gefunden.
3. Erstelle eine Liste mit fünf Unternehmen in Hessen, die eine Stelle auf der HR-Plattform Indeed für einen ≪Innovations-Manager m/w/d≫ ausgeschrieben haben. Finde im Impressum die Geschäftsführer zu den Unternehmen heraus und liste Unternehmen, Ansprechpartner, Anschriften und zentrale Telefonnummern in einer Excel-Liste auf.

Das Durchsuchen von indeed geht schnell. Das Befüllen der Excel-Liste dauert etwas länger. Und wenn man deutlich mehr Adressen haben möchte, bricht der Operator gegebenenfalls auch die Aufgabe ab.

Die Erledigung einer Aufgabe kann – je nach Umfang – schon einmal ein paar Minuten dauern. Es lassen sich allerdings mehrere Aufträge im Operator gleichzeitig starten und ausführen. Und in den Einstellungen können angelegte Aufgaben und Anforderungen gespeichert werden. Dadurch lässt sich eine Aufgaben-Datenbank anlegen, die man später wiederverwenden kann.

Der Operator arbeitet mit vorgefertigten KI-Agenten für die Kategorien „Essen und Veranstaltungen“, „Essenslieferungen“, „Lokale Dienstleistungen“, „Einkäufe“, „Reisen“ und „News“. Diese Rubriken sind zurzeit für den amerikanischen Sprachraum ausgelegt, funktionieren aber zum Teil auch für Deutschland. Es gibt zurzeit auch nur eine Auswahl von Partner-Webseiten, auf denen man zum Beispiel Präferenzen für Flüge, Unterkünfte oder Essen hinterlegen kann. Zu den Partner-Websites, die auch in Deutschland funktionieren, gehören beispielsweise Airbnb, Booking.com, Etsy, OpenTable, TripAdvisor, Uber und UberEats.

6.1.2.7 Datenschutz und -sicherheit

Jeder Schritt, den der Operator ausführt, wird live angezeigt und in der Aufgaben-Historie aufgelistet. Damit ist der Operator keine Blackbox, sondern die Schritte sind nachvollziehbar. Das hilft auch bei der Suche nach Fehlern oder der Optimierung der Prompts. Eine mögliche Fehlerquelle kann beispielsweise bei der Übersetzung der deutschen Quellen oder bei unterschiedlichen Zeitzonen liegen. Es gibt für den Anwender auch immer einen Button „Take Control“, um selbst die Kontrolle zu übernehmen.

Der Operator ist benutzerfreundlich, da Mitarbeitende kein technisches Know-how benötigen, um Abläufe zu automatisieren. Allerdings muss es im Unternehmen zum Beispiel durch eine KI-Richtlinie erlaubt sein, überhaupt mit KI-Agenten zu arbeiten und gegebenenfalls benötigte Logins einzugeben. Der Operator arbeitet in einer kontrollierten virtuellen Umgebung, in der die Daten geschützt sind. Dennoch sollte die IT-Abteilung involviert werden. Denn diese ganz frühe Version erstellt für das Training von ChatGPT Operator von jedem Schritt einen Screenshot. In den Settings gibt es allerdings eine Privacy-Einstellung, mit der sich das Modell-Training ausschalten lässt. Auch während ein Mitarbeitender die Kontrolle übernimmt, werden auf keinen Fall Screenshots erstellt, weil hier meist Zugangsdaten eingegeben werden.

6.1.2.8 KI-Agenten im Einsatz für die Automatisierung von Aufgaben

ChatGPT Tasks und Operator sind noch keine fertigen KI-Agenten. Unternehmen können aber bereits das Potenzial erahnen, was sich in Zukunft alles mit KI-Agenten wird automatisieren lassen. KI-Agenten haben zudem Auswirkungen auf Geschäftsmodelle: Adressdatenbanken werden beispielsweise durch KI-Agenten an Bedeutung verlieren. Es sei denn, die Anbieter setzen selbst ChatGPT Operator ein.

6.1.3 Übermorgen: Gedankensteuerung über Gehirnwellen

Sie kennen vielleicht Aufzeichnungen, bei denen durch die Übertragung von Gehirnwellen (Elektromyographie – kurz EMG) Sprachcomputer, Computerspiele oder Anwendungen gesteuert oder sogar Roboterarme bewegt werden. Die besten Ergebnisse für die Steuerung durch Gehirnwellen werden zurzeit noch durch invasive Brain-Computer-Interfaces beispielsweise von Neuralink erzielt. Invasiv bedeutet, dass die Elektroden operativ ins Gehirn implantiert werden. Darüber hinaus wird zurzeit mit nicht-invasiven Technologien experimentiert.

Wenn diese Zukunftstechnologien einmal für alle Menschen zur Verfügung stehen, wird digitale Barrierefreiheit noch einmal völlig neu definiert werden können.

6.1.3.1 Roboterarme mit Gedankenkraft steuern

Zum Beispiel werden Roboterarme oder -beine mit Gedankenkraft gesteuert, indem die elektrischen Signale von Spinalneuronen aufgefangen und entschlüsselt werden. Ein Forschungslabor von Meta arbeitet an der Entwicklung eines Armbands, das beabsichtigte Bewegungen in technische Befehle umsetzen kann. Dafür werden mithilfe von Elektromyographie Nervensignale über Sensoren am Handgelenk abgefangen und in digitale Befehle übersetzt.

6.1.3.2 Visuelle Informationen ins Gehirn einspielen

Neuralink arbeitet zurzeit nicht nur an Projekten, bei denen Information aus dem Gehirn nach außen weitergegeben werden. Sondern auch daran, von außen ein Signal ins Gehirn zu leiten. Zum Beispiel wird für Blinde das Signal einer Videokamera in Gestalt eines elektrischen Signals ins Gehirn geleitet, sodass es Blinde dabei unterstützt, sich in einer fremden Umgebung zurechtzufinden. Die Auflösung ist noch sehr mäßig, aber für jeden, der bisher nichts gesehen hat, vermutlich ein Fortschritt.

6.1.3.3 Bilder sehen, die ein anderer gerade sieht

Die Radboud-Universität in den Niederlanden liest die Aktivitäten eines Affengehirns in einem funktionellen Magnetresonanztomographen (fMRT) aus. Mithilfe von KI, die auf den Neuronalen Netzwerken der großen Sprachmodelle beruht, werden die aus den fMRT-Daten generierten Bilder dann verbessert. So wird die visuelle Wahrnehmung eines anderen gleichsam zur Fotokamera.

6.1.3.4 Übertragung von Gedanken an vierbeinige Roboter

Das australische Militär experimentiert zurzeit mit der Übertragung von Gedanken-Befehlen an vierbeinige Roboter. Dazu wird ein Sensor an der Rückseite des Kopfs eines Menschen angebracht, direkt auf der Haut, um dort die Gehirnströme des visuellen Kortex zu erfassen. Der menschliche Proband trägt außerdem eine Augmented-Reality-Brille. Über die Brille wird sein Umfeld in sechs Quadrate unterteilt. Konzentriert er sich auf ein bestimmtes Quadrat, erfasst der Biosensor diese Gehirnströme. Ein Decoder wandelt diese Signale dann in Befehle für den Roboter um.

6.1.3.5 Gedanken auf der Bedeutungsebene auslesen

Der Universität von Texas ist Anfang 2023 – auch dank des großen Sprachmodells von OpenAI, das zum Beispiel auch ChatGPT zugrunde liegt – ein weiterer Durchbruch gelungen. Es wurde ein personalisierter KI-basierter Decoder entwickelt, der die Gehirnaktivität einer Person in einen kontinuierlichen Textstrom übersetzen kann. Der Decoder arbeitet auf der Bedeutungsebene. Es wird also nicht der präzise Wortlaut eines Gedankens, sondern dessen wesentliche Bedeutung erfasst. Allerdings funktioniert dieser Decoder für Gedankenaktivität zurzeit nur, während sich die Person in einem funktionellen Magnetresonanztomographen (fMRT) befindet.

Fazit: Barrierefreiheit verändert Märkte

Die Umsetzung des Barrierefreiheitsstärkungsgesetzes benötigt Ihre Aufmerksamkeit. Denn digitale Barrierefreiheit hat das Potenzial, Marktanteile in Deutschland und in der EU neu zu verteilen. Unternehmen, die die Barrierefreiheitsanforderungen nicht erfüllen, werden quasi aus dem europäischen Markt verbannt.

Die gute Nachricht ist, dass jeder Mensch von digitaler Barrierefreiheit profitiert. Und dass auch alle Wirtschaftsakteure, die sich um die Belange von Menschen mit situationsbedingten, temporären oder permanenten Behinderungen kümmern, von dem dauerhaft vergrößerten Marktvolumen profitieren. Selbst Berater, Dienstleister und Serviceprovider, die sich rechtzeitig mit dem neuen Gesetz befassen und bei der Umsetzung der Barrierefreiheitsanforderungen helfen, können profitieren.

Digitale Barrierefreiheit sorgt dafür, dass wir noch besser mit all unseren Zielgruppen über alle verfügbaren Content-Formate kommunizieren können.

Organisationen, die ihre affirmative Haltung zu grundlegenden Menschenrechten durch die Realisierung von Barrierefreiheit unter Beweis stellen, machen sich zudem als Arbeitgeber für Fach- und Führungskräfte attraktiver.

▶ „Digitale Teilhabe zu ermöglichen, heißt, sich Wettbewerbsvorteile zu sichern.‘‘‘

Eine weitere gute Nachricht: Es gibt bereits die (KI-)Technologien, um Menschen mit Beeinträchtigungen die digitale Teilhabe zu ermöglichen – ohne großen Aufwand. Besonders spannend sind dabei auch ganz neue Technologien wie KI-Klone und KI-Agenten. Denn auch sie können schon jetzt bei der Herstellung von digitaler Barrierefreiheit unterstützen.

G. Horcher, *Barrierefrei und nutzerzentriert kommunizieren*,
https://doi.org/10.1007/978-3-658-48520-7

Die Frage, ob Ihre Unternehmung rein rechtlich unter das BFSG fällt, ist gar nicht allein entscheidend. Die vielleicht relevantere Frage lautet, ob Sie es sich in Zukunft überhaupt noch leisten können, auf die Vorteile digitaler Barrierefreiheit zu verzichten.

Das spezifische Know-how für Ihre Barrierefreiheitsstrategie, für deren Planung und deren Umsetzung liefert Ihnen bereits dieses Buch.

Was Sie aus diesem Buch mitnehmen können

- **Klarheit:** Ob und wie Sie – beziehungsweise Ihre Kunden – vom BFSG betroffen sind und was Sie bis wann tun müssen.
- **Verständnis:** Welche situativen, temporären und dauerhaften Einschränkungen es gibt, und warum jeder Mensch von mehr digitaler Barrierefreiheit profitieren kann.
- **Bewusstsein:** Was Menschen mit Behinderungen wichtig ist.
- **Fokus:** Wie Sie mit nutzerzentrierten Lösungen die Bedürfnisse aller Menschen abbilden.
- **Sicherheit:** Für Ihre Barrierefreiheitsstrategie, -planung und -umsetzung.
- **Purpose:** Wieso digitale Teilhabe zu ermöglichen, gleichzeitig bedeuten kann, sich Wettbewerbsvorteile zu sichern.
- **Freude:** An der Umsetzung von digitaler Barrierefreiheit mithilfe von Künstlicher Intelligenz.
- **Ideen:** Durch den Einsatz ganz neuer Umsetzungs- und Unterstützungsmöglichkeiten, die innovative KI-Technologien Ihnen in der Kundenkommunikation bieten.

Literatur

1. Bundesministerium für Arbeit und Soziales. (o. J.). *Barrierefreiheitsstärkungsgesetz.* BMAS. https://www.bmas.de/DE/Service/Gesetze-und-Gesetzesvorhaben/barrierefreiheitsstaerkungsgesetz.html (Zugriff am 9. Mai 2025)
2. Österreichischer Behindertenrat. (2023, 17. Mai). *Barrierefreiheitsgesetz beschlossen.* https://www.behindertenrat.at/2023/05/barrierefreiheitsgesetz-beschlossen/ (Zugriff am 9. Mai 2025)
3. BFSG-Gesetz.de. (o. J.). *Barrierefreiheitsstärkungsgesetz (BFSG).* https://bfsg-gesetz.de/ (Zugriff am 9. Mai 2025)
4. Bundesfachstelle Barrierefreiheit. (2022, 6. Juli). *Leitlinien und Verordnung zum Barrierefreiheitsstärkungsgesetz veröffentlicht.* https://www.bundesfachstelle-barrierefreiheit.de/SharedDocs/Kurzmeldungen/DE/leitlinien-und-rechtsverordnung-zum-bfsg.html (Zugriff am 9. Mai 2025)
5. Bundesministerium der Justiz. (o. J.). *Behindertengleichstellungsgesetz (BGG).* Gesetze im Internet. https://www.gesetze-im-internet.de/bgg/BJNR146800002.html (Zugriff am 9. Mai 2025)
6. Bundesministerium der Justiz. (o. J.). *Barrierefreie-Informationstechnik-Verordnung (BITV 2.0).* Gesetze im Internet. https://www.gesetze-im-internet.de/bitv_2_0/BJNR184300011.html (Zugriff am 9. Mai 2025)
7. Bundesministerium des Innern und für Heimat. (o. J.). *EN 301 549 – Anforderungen an die Barrierefreiheit von IKT-Produkten und -Dienstleistungen.* https://www.barrierefreiheit-dienstekonsolidierung.bund.de/Webs/PB/DE/gesetze-und-richtlinien/en301549/en301549-node.html (Zugriff am 9. Mai 2025)
8. Bundesministerium des Innern und für Heimat. (2024, Dezember). *WCAG 2.2 – Neue Version veröffentlicht.* https://www.barrierefreiheit-dienstekonsolidierung.bund.de/Webs/PB/DE/gesetze-und-richtlinien/wcag/wcag_2_2/wcag-2-2-node.html (Zugriff am 9. Mai 2025)
9. Bundesministerium des Innern und für Heimat. (o. J.). *Ausblick: Weiterentwicklung der WCAG 3.0.* https://www.barrierefreiheit-dienstekonsolidierung.bund.de/Webs/PB/DE/gesetze-und-richtlinien/wcag/ausblick-weiterentwicklung/ausblick-weiterentwicklung.html (Zugriff am 9. Mai 2025)

G. Horcher, *Barrierefrei und nutzerzentriert kommunizieren,*
https://doi.org/10.1007/978-3-658-48520-7

10. Buzer.de. (2024, 6. Mai). *§ 37 BFSG – Bußgeldvorschriften.* https://www.buzer.de/37_BFSG.htm (Zugriff am 9. Mai 2025)
11. Bundesfachstelle Barrierefreiheit. (o. J.). *Startseite.* https://www.bundesfachstelle-barrierefreiheit.de/DE/Home/home_node.html (Zugriff am 9. Mai 2025)
12. Bundesfachstelle Barrierefreiheit. (2024, 20. März). *Auftakt-Webinar der Reihe „BFSG 2025" E-Commerce.* https://www.bundesfachstelle-barrierefreiheit.de/DE/Fachwissen/Produkte-und-Dienstleistungen/Barrierefreiheitsstaerkungsgesetz/Webinare-BFSG-2025/Webinar-Auftakt/node.html (Zugriff am 9. Mai 2025)
13. Bundesfachstelle Barrierefreiheit. (o. J.). *Webinar Baustein 1: Sensibilisierung für Zugänglichkeit und Nutzbarkeit digitaler Angebote.* https://www.bundesfachstelle-barrierefreiheit.de/DE/Fachwissen/Produkte-und-Dienstleistungen/Barrierefreiheitsstaerkungsgesetz/Webinare-BFSG-2025/Webinar-Baustein-1-Sensibilisierung/node.html (Zugriff am 9. Mai 2025)
14. Bundesfachstelle Barrierefreiheit. (o. J.). *Webinar Baustein 2: Gesetzliche Grundlagen und Anforderungen im E-Commerce.* https://www.bundesfachstelle-barrierefreiheit.de/DE/Fachwissen/Produkte-und-Dienstleistungen/Barrierefreiheitsstaerkungsgesetz/Webinare-BFSG-2025/Webinar-Baustein-2-gesetzliche-Grundlagen/node.html (Zugriff am 9. Mai 2025)
15. Bundesfachstelle Barrierefreiheit. (o. J.). *Webinar Baustein 3: Suchmaschinen belohnen digitale Barrierefreiheit – Chancen für E-Commerce.* https://www.bundesfachstelle-barrierefreiheit.de/DE/Fachwissen/Produkte-und-Dienstleistungen/Barrierefreiheitsstaerkungsgesetz/Webinare-BFSG-2025/Webinar-Baustein-3-SEO/node.html (Zugriff am 9. Mai 2025)
16. Bundesfachstelle Barrierefreiheit. (o. J.). *Webinar Baustein 4: Umsetzung digitaler Barrierefreiheit.* https://www.bundesfachstelle-barrierefreiheit.de/SharedDocs/Downloads/DE/BFSG-Webinare/handout-webinar-baustein-4-umsetzung.pdf (Zugriff am 9. Mai 2025)
17. Bundesfachstelle Barrierefreiheit. (o. J.). *Webinar Baustein 5: Netzwerkarbeit im Verband – die Taskforce Barrierefreiheit.* https://www.bundesfachstelle-barrierefreiheit.de/SharedDocs/Downloads/DE/BFSG-Webinare/handout-webinar-baustein-5-netzwerkarbeit.html (Zugriff am 9. Mai 2025)
18. Bundesfachstelle Barrierefreiheit. (o. J.). *Webinar Baustein 6: Umsetzung von Barrierefreiheit im Online-Shop – ein Praxisbeispiel.* https://www.bundesfachstelle-barrierefreiheit.de/DE/Fachwissen/Produkte-und-Dienstleistungen/Barrierefreiheitsstaerkungsgesetz/Webinare-BFSG-2025/Webinar-Baustein-6-Praxisbeispiel/node.html (Zugriff am 9. Mai 2025)
19. Landeskompetenzzentrum Barrierefreie IT Hessen. (o. J.). *Startseite.* https://lbit.hessen.de/ (Zugriff am 9. Mai 2025)
20. Schlichtungsstelle BGG. (o. J.). *Startseite – Schlichtungsstelle nach § 16 BGG.* https://www.schlichtungsstelle-bgg.de/Webs/SchliBGG/DE/AS/startseite/startseite-node.html (Zugriff am 9. Mai 2025)
21. BFSG-Gesetz.de. (o. J.). *§ 16 BFSG – Grundlegende Veränderungen.* https://bfsg-gesetz.de/16-bfsg/ (Zugriff am 9. Mai 2025)
22. BFSG-Gesetz.de. (o. J.). *§ 7 BFSG – Besondere Kennzeichnungs- und Informationspflichten des Herstellers.* https://bfsg-gesetz.de/7-bfsg/ (Zugriff am 9. Mai 2025)

23. BFSG-Gesetz.de. (o. J.). *§ 8 BFSG – Bevollmächtigter des Herstellers*. https://bfsg-gesetz.de/8-bfsg/ (Zugriff am 9. Mai 2025)
24. International Organization for Standardization. (2012). *ISO/IEC 40500:2012 – Information technology – W3C Web Content Accessibility Guidelines (WCAG) 2.0*. https://www.iso.org/standard/58625.html (Zugriff am 9. Mai 2025)
25. International Organization for Standardization. (2019, Mai). *ISO/IEC 30071-1:2019 – Development of user interface accessibility – Part 1: Code of practice for creating accessible ICT products and services*. https://www.iso.org/standard/70913.html (Zugriff am 9. Mai 2025)
26. International Organization for Standardization. (2008). *ISO 9241-171:2008 – Ergonomics of human-system interaction – Part 171: Guidance on software accessibility*. https://www.iso.org/standard/39080.html (Zugriff am 9. Mai 2025)
27. BFSG-Gesetz.de. (o. J.). *§ 9 BFSG – Allgemeine Pflichten des Einführers*. https://bfsg-gesetz.de/9-bfsg/ (Zugriff am 9. Mai 2025)
28. BFSG-Gesetz.de. (o. J.). *§ 10 BFSG – Besondere Kennzeichnungs- und Informationspflichten des Einführers*. https://bfsg-gesetz.de/10-bfsg/ (Zugriff am 9. Mai 2025)
29. BFSG-Gesetz.de. (o. J.). *§ 11 BFSG – Pflichten des Händlers*. https://bfsg-gesetz.de/11-bfsg/ (Zugriff am 9. Mai 2025)
30. BFSG-Gesetz.de. (o. J.). *§ 12 BFSG – Einführer oder Händler als Hersteller*. https://bfsg-gesetz.de/12-bfsg/ (Zugriff am 9. Mai 2025)
31. BFSG-Gesetz.de. (o. J.). *§ 13 BFSG – Angabe der Wirtschaftsakteure, Verordnungsermächtigung*. https://bfsg-gesetz.de/13-bfsg/ (Zugriff am 9. Mai 2025)
32. BFSG-Gesetz.de. (o. J.). *Anlage 4 – Kriterien für die Beurteilung der unverhältnismäßigen Belastung*. https://bfsg-gesetz.de/anlage-4/ (Zugriff am 9. Mai 2025)
33. Statistisches Bundesamt. (2024, 19. Juli). *7,9 Millionen schwerbehinderte Menschen leben in Deutschland*. https://www.destatis.de/DE/Themen/Gesellschaft-Umwelt/Gesundheit/Behinderte-Menschen/_inhalt.html (Zugriff am 9. Mai 2025)
34. Statista. (2025, 14. März). *Bevölkerung Deutschlands nach relevanten Altersgruppen 2023*. https://de.statista.com/statistik/daten/studie/1365/umfrage/bevoelkerung-deutschlands-nach-altersgruppen/ (Zugriff am 9. Mai 2025)
35. Statistisches Bundesamt. (2023, 23. Februar). *Zahl der Woche: Menschen mit Behinderung in Deutschland*. https://www.destatis.de/DE/Presse/Pressemitteilungen/Zahl-der-Woche/2023/PD23_08_p002.html (Zugriff am 9. Mai 2025)
36. Aktion Mensch. (o. J.). *Zahlen und Fakten zur Inklusion*. https://www.xn--meinschlssel-zur-welt-0lc.de/de/helfen/zahlen-und-fakten/zahlen-und-fakten.html (Zugriff am 9. Mai 2025)
37. Bundesregierung. (o. J.). *Nachhaltigkeitsziele erklärt – Agenda 2030*. https://www.bundesregierung.de/breg-de/themen/nachhaltigkeitspolitik/nachhaltigkeitsziele-erklaert-232174 (Zugriff am 9. Mai 2025)
38. Hochschulbibliothekszentrum NRW. (2015). *Vollzeitäquivalent-Rechner (VZÄ)*. https://www.hbz-nrw.de/produkte/bibliotheksstatistik/wissenswertes-und-links/vollzeitaequivalent-rechner-vzae/view (Zugriff am 9. Mai 2025)
39. Bundesfachstelle Barrierefreiheit. (2023, Oktober). *FAQ zum Barrierefreiheitsstärkungsgesetz (BFSG) – E-Books*. https://www.bundesfachstelle-barrierefreiheit.de/DE/Fachwissen/Produkte-und-Dienstleistungen/Barrierefreiheitsstaerkungsgesetz/FAQ-E-Books/faq-e-book_node.html (Zugriff am 9. Mai 2025)

40. World Wide Web Consortium (W3C). (o. J.). *User Stories: People with Disabilities on the Web.* https://www.w3.org/WAI/people-use-web/user-stories/ (Zugriff am 9. Mai 2025)
41. Deutscher Blinden- und Sehbehindertenverband e. V. (o. J.). *Zahlen und Fakten.* https://www.dbsv.org/zahlen-fakten.html (Zugriff am 9. Mai 2025)
42. World Wide Web Consortium (W3C). (o. J.). *User Story: A person who is blind using a screen reader.* https://www.w3.org/WAI/people-use-web/user-stories/story-three/ (Zugriff am 9. Mai 2025)
43. World Wide Web Consortium (W3C). (o. J.). *User Story: A person with low vision using a screen magnifier.* https://www.w3.org/WAI/people-use-web/user-stories/story-four/ (Zugriff am 9. Mai 2025)
44. World Wide Web Consortium (W3C). (o. J.). *User Story: A person with limited fine motor control using voice input.* https://www.w3.org/WAI/people-use-web/user-stories/story-seven/ (Zugriff am 9. Mai 2025)
45. World Wide Web Consortium (W3C). (o. J.). *User Story: A person with dyslexia using text-to-speech.* https://www.w3.org/WAI/people-use-web/user-stories/story-nine/ (Zugriff am 9. Mai 2025)
46. UK Government Digital Service. (2016). *Understanding disabilities and impairments: Ashleigh – partially sighted screenreader user.* https://www.gov.uk/government/publications/understanding-disabilities-and-impairments-user-profiles/ashleigh-partially-sighted-screenreader-user (Zugriff am 9. Mai 2025)
47. UK Government Digital Service. (2016). *Understanding disabilities and impairments: Claudia – partially sighted screen magnifier user.* https://www.gov.uk/government/publications/understanding-disabilities-and-impairments-user-profiles/claudia-partially-sighted-screen-magnifier-user (Zugriff am 9. Mai 2025)
48. Kompetenzzentrum digitale Barrierefreiheit.nrw. (Januar 2024). Checkliste: Barrierefreie Dokumente. https://barrierefreiheit.dh.nrw/fileadmin/user_upload/barrierefreiheit/Publikationen/Checkliste_BF_Dokumente.pdf
49. TPGi. (o. J.). *Color Contrast Checker.* https://www.tpgi.com/color-contrast-checker/ (Zugriff am 9. Mai 2025)
50. Federkiel & Friends. (2024, 14. November). *Barrierefreiheit im E-Mail-Marketing: Neue gesetzliche Anforderungen ab 2025.* https://federkielandfriends.de/barrierefreie-newsletter (Zugriff am 9. Mai 2025)
51. Schwerhörigen-Netz. (o. J.). *Statistiken zur Hörbeeinträchtigung in Deutschland.* https://www.schwerhoerigen-netz.de/statistiken/?L=0 (Zugriff am 9. Mai 2025)
52. World Wide Web Consortium (W3C). (o. J.). *User Story: A person with limited fine motor control using a head pointer.* https://www.w3.org/WAI/people-use-web/user-stories/story-six/ (Zugriff am 9. Mai 2025)
53. UK Government Digital Service. (2017, 25. Oktober). *Ron: Older user with multiple conditions.* https://www.gov.uk/government/publications/understanding-disabilities-and-impairments-user-profiles/ron-older-user-with-multiple-conditions (Zugriff am 9. Mai 2025)
54. UK Government Digital Service. (2017, 25. Oktober). *Saleem: Profoundly deaf user.* https://www.gov.uk/government/publications/understanding-disabilities-and-impairments-user-profiles/saleem-profoundly-deaf-user (Zugriff am 9. Mai 2025)

55. AVASAG Research. (o. J.). *Ergebnisse der AVASAG-Untersuchungen*. https://research.avasag.de/ (Zugriff am 9. Mai 2025)
56. AVASAG. (o. J.). *Startseite*. https://avasag.de/ (Zugriff am 9. Mai 2025)
57. World Wide Web Consortium (W3C). (o. J.). *User Story: A person with a cognitive disability using a simplified interface*. https://www.w3.org/WAI/people-use-web/user-stories/story-one/ (Zugriff am 9. Mai 2025)
58. UK Government Digital Service. (2017, 25. Oktober). *Christopher: User with rheumatoid arthritis*. https://www.gov.uk/government/publications/understanding-disabilities-and-impairments-user-profiles/christopher-user-with-rheumatoid-arthritis (Zugriff am 9. Mai 2025)
59. Statistisches Bundesamt. (2020, 24. Juni). *7,9 Millionen schwerbehinderte Menschen leben in Deutschland*. https://www.destatis.de/DE/Presse/Pressemitteilungen/2020/06/PD20_230_227.html (Zugriff am 9. Mai 2025)
60. Wikipedia. CAPTCHA = Completely Automated Public Turing test to tell Computers and Humans Apart https://de.wikipedia.org/wiki/Captcha (Zugriff am 8. Mai 2025)
61. Max-Planck-Gesellschaft. (o. J.). *Barrierefreiheit in der Forschung*. https://www.ds.mpg.de/132740/04 (Zugriff am 9. Mai 2025)
62. World Wide Web Consortium (W3C). (o. J.). *User Story: A person with a hearing impairment using captions*. https://www.w3.org/WAI/people-use-web/user-stories/story-two/ (Zugriff am 9. Mai 2025)
63. World Wide Web Consortium (W3C). (o. J.). *User Story: A person with a speech disability using text-to-speech*. https://www.w3.org/WAI/people-use-web/user-stories/story-five/ (Zugriff am 9. Mai 2025)
64. World Wide Web Consortium (W3C). (o. J.). *User Story: A person with ADHD and dyslexia using text-to-speech and visual aids*. https://www.w3.org/WAI/people-use-web/user-stories/story-eight/ (Zugriff am 9. Mai 2025)
65. UK Government Digital Service. (2017, 25. Oktober). *Pawel: User with Asperger's*. https://www.gov.uk/government/publications/understanding-disabilities-and-impairments-user-profiles/pawel-user-with-aspergers (Zugriff am 9. Mai 2025)
66. UK Government Digital Service. (2017, 25. Oktober). *Simone: Dyslexic user*. https://www.gov.uk/government/publications/understanding-disabilities-and-impairments-user-profiles/simone-dyslexic-user (Zugriff am 9. Mai 2025)
67. Landesbetrieb Informationstechnik Hessen. (o. J.). *Was ist Leichte Sprache?* https://lbit.hessen.de/buergerinnen-und-buerger/information-ueber-leichte-sprache/was-ist-leichte-sprache (Zugriff am 9. Mai 2025)
68. BIK BITV-Test. (o. J.). *Das Testverfahren im Detail*. https://bitvtest.de/bitv_test/das_testverfahren_im_detail/verfahren.html (Zugriff am 9. Mai 2025)
69. BIK BITV-Test. (o. J.). *BIK BITV-Test Prüfverbund*. https://bitvtest.de/bik-bitv-test-pruefverbund (Zugriff am 9. Mai 2025)
70. World Wide Web Consortium (W3C). (o. J.). *Web Accessibility Evaluation Tools List*. https://www.w3.org/WAI/test-evaluate/tools/list/ (Zugriff am 9. Mai 2025)
71. Deutsche Blindenstudienanstalt e. V. (o. J.). *Aktuelles*. https://www.blista.de/aktuelles (Zugriff am 9. Mai 2025)
72. Deutsche Blindenstudienanstalt e. V. (o. J.). *Produkte und Dienstleistungen für Barrierefreiheit*. https://www.blista.de/produkte-und-dienstleistungen-f%C3%BCr-barrierefreiheit (Zugriff am 9. Mai 2025)

73. Deutscher Blinden- und Sehbehindertenverband e. V. (o. J.). *Startseite.* https://www.dbsv.org/ (Zugriff am 9. Mai 2025)
74. Deutscher Blinden- und Sehbehindertenverband e. V. (o. J.). *Usability-Check.* https://www.dbsv.org/usability-check.html (Zugriff am 9. Mai 2025)
75. Hochschule Bremen. (2021, 21. September). *„User Tests"-Projekt: Digitale Barrierefreiheit gemeinsam entwickeln.* https://www.hs-bremen.de/die-hsb/aktuelles/nachricht/user-tests-projekt-digitale-barrierefreiheit-gemeinsam-entwickeln/ (Zugriff am 9. Mai 2025)
76. Ipsos. (o. J.). *Startseite.* https://www.ipsos.com/de-de (Zugriff am 9. Mai 2025)
77. Ipsos. (o. J.). *Teilhabe-Community von Ipsos und Aktion Mensch.* https://www.ipsos.com/de-de/teilhabe-community-von-ipsos-und-aktion-mensch (Zugriff am 9. Mai 2025)
78. Karlsruher Institut für Technologie (KIT). (o. J.). *Startseite.* https://www.kit.edu/ (Zugriff am 9. Mai 2025)
79. Karlsruher Institut für Technologie (KIT). (o. J.). *ACCESS@KIT – Zentrum für digitale Barrierefreiheit und Assistive Technologien.* https://www.access.kit.edu/1227.php (Zugriff am 9. Mai 2025)
80. Information und Technik Nordrhein-Westfalen (IT.NRW). (o. J.). *Startseite.* https://www.it.nrw/ (Zugriff am 9. Mai 2025)
81. Information und Technik Nordrhein-Westfalen (IT.NRW). (o. J.). *Digitale Barrierefreiheit in der Verwaltung.* https://www.it.nrw/informationstechnik/digitale-verwaltung/digitale-barrierefreiheit-kbit (Zugriff am 9. Mai 2025)
82. Landeshauptstadt Hannover. (o. J.). *Startseite.* https://lhhh.de/ (Zugriff am 9. Mai 2025)
83. Stiftung Pfennigparade. (o. J.). *Startseite.* https://www.pfennigparade.de/ (Zugriff am 9. Mai 2025)
84. Stiftung Pfennigparade. (2024, 15. März). *Feierliche Eröffnung des Test-Labors für Barrierefreiheit.* https://www.pfennigparade.de/pressemeldung/pressemitteilung-feierliche-eroeffnung-test-labor-barrierefreiheit/ (Zugriff am 9. Mai 2025)
85. Team Usability. (o. J.). *Praxis-Test: Barrierefreiheit in der Anwendung.* https://teamusability.de/de/praxis-test.html (Zugriff am 9. Mai 2025)

FSC
www.fsc.org
MIX
Papier | Fördert
gute Waldnutzung
FSC® C083411

Kolibri 360 GmbH
Ferdinand-Jühlke-Straße 7
99095 Erfurt, Deutschland
produktsicherheit@kolibri360.de